■ 劳动用工与维权实务丛书

网约工权益保障一点通

■ 力金定　编著

WUHAN UNIVERSITY PRESS
武汉大学出版社

图书在版编目(CIP)数据

网约工权益保障一点通/力金定编著.—武汉:武汉大学出版社,
2022.12
劳动用工与维权实务丛书
ISBN 978-7-307-23481-9

Ⅰ.网… Ⅱ.力… Ⅲ.劳动权—权益保护—中国 Ⅳ.D922.54

中国版本图书馆 CIP 数据核字(2022)第 227860 号

责任编辑:聂勇军   责任校对:李孟潇   版式设计:马　佳

出版发行:**武汉大学出版社**　　(430072　武昌　珞珈山)
　　　　(电子邮箱:cbs22@whu.edu.cn　网址:www.wdp.com.cn)
印刷:武汉图物印刷有限公司
开本:720×1000　　1/16　　印张:10.25　　字数:131 千字　　插页:1
版次:2022 年 12 月第 1 版　　2022 年 12 月第 1 次印刷
ISBN 978-7-307-23481-9　　定价:26.00 元

前　言

　　他们已经同空气一样渗入我们的生活，改变着我们的生活习惯，也改变着城市的市井生态。

　　用餐点×团，打车点×滴，送货点×达，邮寄点×丰，周末在家不想受油烟之苦，打电话到"××到家"，胖厨师立马笑眯眯到家。

　　这些乘着互联网东风，借助网络平台，通过平台指令而完成任务，靠技能与服务辛劳挣钱的一群人，就是我们称之的"网约工"，官方也称他们为新就业形态劳动者、灵活就业人员、弹性就业人员等。网约车司机、外卖送餐员、保洁阿姨、快递小哥、网约厨师……就是其中的优秀代表。

　　他们无所存在，却又无处不在；我们对其避之不及，却又时刻牵挂。念他、想他、骂他；爱他、恨他、想杀他，却终归放不下他，舍不得他。

　　有人戏谑，到了火星，总要收心吧，可火星热呀，要喝冰水降温，喝奶茶相爱；晚上要消夜，撸串啤酒烤虾，想想，哪哪还真少不了他！

　　国家信息中心发布的《中国共享经济发展报告（2021）》宣称，2020年，我国共享经济参与者约为 8.3 亿人，其中网约工约 8400 万人，2021 年网约工人数将超 1 亿。

1

他们是些什么人？

他们是真正的劳动者！当我们被炕头闹钟催醒，他们已在晨曦中送餐；凌晨海鲜酒店关门打烊，代驾者们则咽着口水，跑去为酒足饭饱的客人开车……他们平均一天工作时长达 12 小时，完美诠释着"劳动"两字。

他们主要汇聚于劳动密集型服务业，以生活服务、交通出行、住宿餐饮等领域居多。他们整体上年纪较轻、学历偏低、家庭负担沉重，从业者基本为 80 后和 90 后，新生代农民工成为网约工的主要从业者。

他们是一群有担当的人，用自己的实际行动积聚社会正能量，也是一群有爱心、有梦想、努力、上进、积极承担社会责任的人，是新青年的典型代表。难忘 2020 年初，在疫情肆虐期，在政府相关部门的组织下，许多外卖小哥及网约车司机逆向而行，带来温暖之光，为城市打通"最后一公里"。

当然，他们也是城市里的高薪者。曾有一句广告词非常诱人：滴滴待嫁，你值得拥有！提醒城市姑娘们，碰到网约车司机，好好把握机会哦！因为人家都是本地户口，开的都是 2.0 或 1.8T 以上排量的车，无不良嗜好，而且男方身份信息已由专业部门核查，放心可靠，你就大胆示爱吧。

当然，钱是挣了不少，但流血流汗流泪也不少。

某外卖小哥因电梯停电，而客户在 40 层楼，为了不超时，他飞速爬上 40 层，客户却以小哥满头大汗、气喘吁吁倒胃口为由给了小哥差评。

代驾司机小张接到订单后，却发现乘客醉酒，好不容易问清其住址，乘客却睡着了，小张怕出事，等这名乘客酒醒才开门，这名醉酒者不给钱不说，还打了小张几巴掌。

网约车司机赵某出了车祸，可公司一分钱也不报销，说双方签的是劳务合同，你告到天际也不怕，仲裁机构也表示此事不好办。

某网约厨师受到客户骚扰，平台不但不为她做主，还训她又不少块肉，有这工夫，多挣几单钱不好。

……

他们更是"三无"人员：无劳动合同、无社会保险、无劳动保障，还是没有"娘家"（工会组织）的人。

他们天天与我们见面，为我们衣食住行奔波，可我们却对他们熟视无睹，对其生存状况漠不关心。

他们是我们这座城市里最熟悉而又最陌生的人。

对于这样一个以亿为单位的庞大群体，他们无法同城里人一样享受正当的劳动权益，这不能不说是社会的巨大遗憾。

对于网约工的身份，由于我国法律只承认企业劳动者和非劳动者，没有"类劳动者"（中间劳动者）的提法，无法给其合法身份。基于此，2021年7月，国务院通过的《关于维护新就业形态劳动者劳动保障权益的指导意见》，增设了一种新类型：不完全符合确立劳动关系情形但企业对劳动者进行劳动管理的劳动者。但这种提法过于隐晦，打了埋伏，且《意见》仅为行政规章，未能上升到法律层面，仍无法为新就业形态劳动者的劳动权益保障提供明确的法律依据。

网约工要想在城市有尊严地工作和生活，还有很长的路要走。目前我国劳动力结构和总量正在发生变化，尤其正逢当前"互联网+"经济如火如荼之际，面临新型用工形式，国家应积极转变发展思路，讲求经济发展和社会发展并行，在户籍制度、就业制度、劳动关系管理制度和社会保障制度上加大改革步伐，为新型用工者创造更好的工作、生活和身心发展条件，让网约工分享工业化和城市化的成果，感受现代文明的丰富多彩，在城市中找到属于自己的精神家园，共同建设一个更加和谐的新家园。

网约工的呼声应该有人倾听，网约工的诉求应该有人回应，网约工的苦楚应该有人感同身受并身体力行去解决，正是基于此，本书本着对网约工群体的关注、关爱，通过相关调研，对网约工应该拥有的各种劳动权益进行了深入的分析和阐释，并列举相关案例进行解析，以帮助他们认清自己的权益，切实保障自身的权益。

本书在编写过程中虽然倾尽全力，但由于编者水平所限，难免会出现疏漏或错讹之处，恳请读者批评指正。

本书在编写过程中参考了国家相关部委以及外卖配送行业协会等相关部门网站推送的文章，也参考了前人撰写的相关资料，湖北第二师范学院的聂佳影同学利用寒假参加社会实践的机会为本书出版提供了相关支持，对他们的辛苦付出表示衷心的感谢！

作者

2022 年 10 月

目　录

第一章
现在，请叫我"网约工"

冬日暖阳，你窝在温暖的棉被里刷手机，感到肚子饿了，熟练地点开×团，15 分钟后，穿着制服的小哥已将色香味俱全的早点送到家门口。

拥挤的地铁，你被挤得东倒西歪，这时老板打来电话，严令你速将邀请函于 10 时前寄出，务必在明早 9 时让客户准时签收，你不慌不忙，在手机里一番操作，等你来到公司，快递小哥早在办公室等候良久了。

你想处理家里的旧沙发，打电话给"××到家"，半小时后，穿着"××到家，送货就是快"制服的货运大叔已开车来到小区了。

家里有客人，你无法做满一桌饭菜，不要紧，点开某家政 APP，不过半小时，"何嫂"已登堂入室为你提供服务了。

……

这些人，你常年不见，他们却好像永远在你身边，除了过年那几天会给你带来"阵痛"。

你不用记住他们的容颜，不用记住他们的电话，不管他们是男是女，随时打个电话，他们就立马来到你身边，让你真正体会到啥叫"顾客就是上帝"，啥叫"享受贵宾般礼遇"。

他们与你的距离，只是一个手机 APP 的距离，随时在线，随时听命，随时供你驱使。

而你一机在手，消费无忧，万事不愁，快乐无边。

他们，就是我们熟悉而又陌生的"网约工"。

互联网的出现，改变了人类生态，也促成了"网约工"这一新的就业形态。网约工的出现，离不开共享经济的发展，离不开"互联网+"经济的强势推动。共享经济实质上是服务经济，需要大量的劳动力提供服务，而与传统企业不同，这些劳动力并不是通过实地招聘完成的，而是围聚在互联网周边，随时接受互联网平台的调遣，完成各种指派任务，并按工作量拿到应得酬金。由于用工方式灵活，简便易行，工资结算快速，双方都受益，于是网约工大量出现，并快速发展成为一个庞大的群体。

一、网约工是啥子工

网约工并不是一个专门的工种，而是指那些通过互联网平台为消费者提供指定服务的劳动者群体的统称，其中比较有代表性的，就是我们所熟知的快递小哥、外卖骑手、网约车司机、代驾司机、上门厨师及网约保洁工、保健师以及互联网营销员等。

作为"互联网+"时代我国服务领域打通"最后一公里"的生力军，网约工给我们的日常生活带来巨大的便利。

网约工并非我国才有，国际上早就有此概念，国外称其为零工（"共享理念下新型零工经济的劳动者"），所谓零工是指那些拥有指定的工作技能的劳动者，通过自己的技能完成一些临时性的、比较零碎的工作。他们依托互联网和其他一些新兴的科技手段，达到一种虚拟的雇佣关系。网约工不但是其中重要的参与者，也是"零工"一种重要的表现形式。

二、网约工，你在他乡还好吗

我国网约工群体规格庞大，人数众多，2021年2月发布的《中国共享经济发展报告（2021）》认为，2020年我国共享经济参与者约为8.3亿人，其中网约工约为8400万人，平台企业员工数约为631万人。

网约工通过网络平台接受任务，薪酬大多以计件提成计算，工作自由弹性，外表看似风光自由，但内心的酸甜苦辣只有自己知道。

1. 我的"东家"在哪

霍某在杭州为某知名外卖平台提供送餐服务。一次送餐途中，由于紧急避让行人，他摔倒在河里，三根肋骨折断。他找公司报销医药费，却对哪家公司才是自己的东家犯了难。招聘霍某的是某劳动服务公司，为霍某交纳社保的却是某人力资源公司，他找外卖平台，外卖平台让他找一家科技信息公司，说此公司负责平台的营运及管理，平台每月按量支付其各种运营费，而科技信息公司则说只负责平台的后台管理，不管人事方面的事务。四家公司像踢皮球般折腾霍某，霍某拖着病体，忙乎了一个月，也不知找谁报销，路费花了不少，受的冤枉气更是多多。

2. 难抢的电梯

小李是一名准大学生，暑假想兼职送外卖挣点学费，在其叔叔的推荐下，经过简单的培训，他成为一名外卖配送员。头一天上班，他就抢到了5个单，送餐地点是一家大厦，本以为是一桩美差，可谁知此时正是上下楼高峰，大厦电梯明显不够，等候电梯上楼的员工排了十多米远，小李等了一刻钟，好不容易挤上电梯，可里面的人觉得他背着大包占位，又汗流浃背，气味不好，毫不客气地将他赶了出来。小李只得等下一趟电梯。十多分钟过后，小李总算挤进去了，小李打电话让低层的 8 楼客户能否到电梯旁拿餐，因为还要送高楼层的客户，时间来不及，可客户说你的职责就是将餐食送到我手上，你挤不挤得进去电梯关我啥事。小李只得走出电梯，派完这单，电梯此时死活上不来，时间一分一秒过去，而楼上客户电话一个接一个打来，质问小李为何还不到。小李看看时间，如果等电梯，时间肯定来不及，无奈只得走人行楼梯，一路飞跑总算送完了，可 36 楼的客户嫌小李送餐超

爬高楼是外卖小哥的必修课

时，在小李的哀求下，又看到小李上气不接下气，客户总算心软，没有给差评，但说下不为例。为这 5 个单，小李满头大汗，腿脚酸麻，在楼梯坐了很久才恢复过来，不过庆幸的是，客户没有为难他，没有在第一天就让其挨罚。

3. 超假一天底薪全扣光

刚毕业不久的苗苗好不容易找到一份网络主播的工作，底薪只有 1500 元，其他收入完全靠带货提成。由于工作经验不足，且没有知名度，苗苗过得很艰难。上月，因爷爷去世，她向公司请了三天假回去奔丧，此时是销售旺季，正缺人手，公司领导刚开始不同意，架不住苗苗的请求，最后规定最多只能批三天假期。由于农村人讲究风水，族人商议后，临时决定将爷爷晚一天下葬，苗苗无奈只得再向单位请假一天。公司负责人认为爷爷非直系亲属，批了三天假已算法外开恩，要求她按时上班，否则后果自负。但苗苗不可能此时就走，爷爷葬礼忙完后，她连夜坐火车赶到公司，可公司领导认为苗苗超假且未办任何手续，理应当旷工论处，要么走人，要么本月底薪扣光。刚失去爷爷，现在又没有底薪，而房东早说了，从下月起房租涨价 15%。为了办爷爷的丧礼，苗苗手头的积蓄都用完了，现在底薪也没了，整个城市举目无亲，刚参加工作不久的苗苗真是欲哭无泪。

4. 肚里有气向谁说

网约车司机小王接到一个订单，他驱车赶往乘客指定的地点，却发现是一个背街小巷子，只能允许一辆车通行，而乘客离路口不到 20 米，但该乘客就是不愿挪步。小王只能开车进去，倒车出来时又碰上正要进入的小车，两车互不相让，将巷子堵得水泄不通，过路行人怨声载道。小王说了许多好话，车主才点头退到路口。总算出来了，载上的这名乘客却是短途，起步价，很明显这单生意小王白做了，小王心头那个气呀。这时平台又给他派了另一个单，乘客只说在某十字路口，穿红色衣服，可这是一个繁忙的十字路口，有四个方向，八个边，小王打了好几个电话，才弄明白乘客具体方位。可这是一个严管路段，根本不能停车，小王让乘客往前走两步，乘客很不高兴，上车后骂骂咧咧，到达目的地后，乘客还给了他一个差评。更糟糕的是，由于是严管路段，电子眼还是拍到他违章停车事实，扣2分罚200元。小王有苦无处说，有怨无处诉。因为在平台面前，司机和乘客的权益是不对等的，乘客投诉司机非常有用，基本上一投诉一个准，但司机投诉乘客基本上没有任何效果，对于平台来说，"乘客就是上帝"，"财神爷"哪敢惹！

据资料统计，作为我们这座城市里最熟悉而又最陌生的人，网约工中70%是农村人，90%是年轻人，他们凭体力吃饭，靠服务赚口碑，在看似重复单调的奔波中，靠经验和智慧，高效地完成平台规定的各种服务工作，确保让顾客满意。

在他们的服务之路上，有风雨，有竞争，有磨砺，有成长。他们同很多背井离乡的农村劳动者一样，每天奔波，却又充满梦想，希望早日融入城市，成为城市里的一员；希望也能像城里人那样，在城市娶妻生子，孩子能够在城里上学。还有许多夫妻网约工，他们靠自己辛勤的双手以及不服输的精神，在城市里也干出了一方天地，给这个城市留下了许多温暖。

三、高薪背后常是难言的辛酸泪

毫无疑问，网约服务工作之所以能得到如此快速的发展，除了用工形式灵活，工作弹性自由，非常适合灵活就业者打短工的需求外，与干网约工可拿高薪也有着莫大的关系。靠着热心的服务、长时间奔波，以及一些平台的烧钱优惠政策，网约工月入万元不是梦，许多网约工的收入秒杀城市白领。一些网约工靠着不错的薪水实现逆袭，成功地在城里买车买房，更有许多夫妻网约工、父子网约工齐上阵，演绎着"上阵父子兵，打拼夫妻档"的赚钱神话，留下了许多生动且感人的故事。

当然，网约工的高薪也不是凭空得来的，而是靠拼时间拼身体拼泪水换来的，正所谓：成年人的世界里哪有"容易"两字。

当城市白领们享受着朝九晚五，边听音乐边静候电梯时，外卖小哥为了不超时却要独自爬上 20 层高楼；当白领们安静地享受下午茶时，网约车司机却连上厕所的机会都没有。他们没有节假日，不管刮风下雨，"客户虐我千百遍，我待客户如初恋"，他们的收入，正好合理地诠释着什么叫"幸福从奋斗中来"，工作中吃多少苦受多少累，月底数钞票时心里就会有多甜。

以下是一名外卖小哥的一天行程：

早晨 6：30 起床，7 点出发开始工作，因为七八时是早点外卖的高峰期，而此时大部分骑手都在休息，人少单多，是外卖小哥的最爱。

抢完早班单，时间已过了 9 时。匆匆吃过早点，休息一个小时，从 11 时开始，就是午餐外卖高峰期了，是否月入过万，就靠中午这段黄金时间了。一般外卖员都是 5 份 6 份地集中送单，要来回跑五六趟，送餐总量达到 30 份才算基本合格，一忙就是 14 时后了。为了抢单，没有外卖员会选择在这个黄金时点吃饭。

14 时收班后，肚子早饿得咕咕叫，吃上不超过 20 元一份的外卖，迎来外卖小哥最惬意的时光，一些奢侈的外卖员会喝上一瓶廉价啤酒，有经验的老哥会在简易出租屋里眯一觉，养精蓄锐，因为从 16 时开始，又将迎来晚高峰了。如果身体允许，还要抢夜宵派送这一块大蛋糕。因此，转钟过后，凌晨一两点才能休息是许多外卖小哥的工作常态。

　　从外卖员这一天工作历程来看，想要月入过万，意味着每天必须高强度地工作 14 个小时以上。碰上刮风下雨，外卖员可就惨了，派单速度明显下降，而且他们最怕国家放长假，此时外卖小哥没有一点快乐心情，因为放假是别人的，自己得干活，放一天假意味着自己可能要少挣 300 元。

　　月入过万是处于金字塔顶层的少数者，大多数网约工的底薪很少或压根就没有，收入完全靠提成。一般的网约工工资在五千元上下，二三线城市多在三四千，拿着血汗工资，却还要遭受平台的各种扣款，忍受客户的责骂。

　　除此之外，他们的劳动安全也无法得到保障。在中国十大高危职业排行榜上，外卖小哥赫然在列。杭州交通部门的一份统计表明，外卖小哥为了保证送餐及时到达，往往无视交通安全，导致发生交通事故的数量急剧增长，2021 年因交通事故共伤亡 137 人，平均 2.5 天就伤亡一人。因此完全可能说，他们是用生命在挣钱。

　　尽管工作辛苦，但许多网约工对生活依然充满热爱，对未来照样充满梦想。许多网约工在业余时间不断充实自己。正如一些网约工所说的，送饭会有时，人生而无涯，掌握技能最重要，每天充实自己绝没错。许多网约工身后，都有一堆精彩的故事，他们在忙碌的生活中创造不凡，书写着属于自己的辉煌。而许多大城市也将热情和掌声送给了他们，出台了许多优惠政策，为这些城市的穿梭者敞开怀抱，欢迎他们到城市安家。其中许多优秀的网约工，通过自己的努力及奋斗，实现了自己的最初梦想，迎来了人生的辉煌时刻。

第二章
网约工从业状况

一、网约工起源

(一)共享经济

网约工的出现离不开共享经济的发展。共享经济是一个不断发展的概念,原始的共享经济是指拥有闲置资源的机构或个人,将资源使用权有偿让渡给他人,领用者利用他人的闲置资源创造价值,并支付让渡者一部分报酬,双方获得各自的利益,也使资源得到最大化利用的过程。比如,某人拥有一辆自行车,他将自行车短期租给需要骑车到县城办事的某个人,自己收取一定的租车费,租车人因为有了自行车而节省了时间,顺利办好了自己的私事,对这一桩利人利己的事,双方都乐于接受。过去,由于信息不畅,加之受时间、空间所限以及熟人社会影响,共享经济只能在一个小范围内进行,市场无法做大。随着全球信息通信业和互联网技术的普及应用,尤其是大数据、云计算、物联网等技术的日臻成熟，这些新技术、新应用为有效解决经济活动中因资源配置产生的信息不对称问题提供了可以解决的技术手段，可通过精确配置资源，实现资源利用的最大化，从而为共享经济商业模式的实现提供技术支撑。一方面，信息或实物的网上共享突破了时空限制，天涯变比邻，一根网线可以通达全球，使各种交易成为可能；另一方面，共享经济是信任经济，基于互联网平台的第三者身份，双方的交易建立在对平台的信任之上，从而使陌生人远程交易成为可能。共享经济的重要特征就是去中介化和再中介化的过程。一方面，共享经济的出现，打破了劳动者对商业组织的依附，他们可以直接向最终用户提供服务或产品，实现中介化，另一方面，个体服务者虽然脱离了商业组织，但为了更广泛地接触需求方，他们需要接入互联网共享经济平台，实现再中介化，以便有效聚拢机会，各取所需，各借其力，最终实现各自目的。

在中国，自 2015 年李克强总理在政府工作报告中首次提出"互联网+"行动计划以来，各种新兴的互联网平台企业在中国迅速崛起，如以美团外卖为代表的餐饮配送平台、以滴滴为代表的网约车平台、以好厨师为代表的私厨平台等。这些主要面向个人服务者和个人用户的共享经济平台在迅猛发展的同时，也催生出一个新型就业群体——网约工，即按照互联网平台的信息预约提供服务的劳动者。

我国共享经济的快速发展，促使网约工群体每年呈倍数增长态势。

（二）共享经济下的网约工

共享经济也被译做分享经济，在国家相关部委印发的《关于促进分享经济发展的指导性意见》中，我国将共享经济定义为："利用网络信息技术，通过互联网平台将分散资源进行优化配置，提高利用效率的新型经济形态。"它有以下几个明显特征：一是技术特征，即以互联网软件为主的技术平台。该特征使其区别于传统工业经济线下实体型经济模式。二是权属特征，强调所有权与使用权相分离，倡导不求拥有但求所用。该特征使其不同于电商经济、社群经济等其他数字经济模式。三是供需特征，强调供给侧与需求侧的弹性匹配、实时对接。高效便捷的供需对接模式，是其能够迅速占领市场的最大优势。

我国共享经济发展迅速，已成为国民经济的重要组成部分。

2019 年 2 月，国家信息中心发布了《中国共享经济发展年度报告(2019)》，这是我国自 2016 年首次发布以来的第四份年度报告。报告指出，2018 年我国共享经济交易规模达 29420 亿元，比上年增长 41.6%。从市场结构来看，生活服务、生产能力、交通出行三个领域共享经济交易规模位居前三，分别为 15894 亿元、8236 亿元和 2478 亿元。从发展速度来看，生产能力、共享办公、知识技能三个领域增长最快，分别较上年增长 97.5%、87.3% 和 70.3%。2018 年我国共享经济参与者人数约 7.6 亿人，参与提供服务者人数约 7500 万人，同比增长 7.1%。平台员工数为 598 万人，同比增长 7.5%。

2020 年 3 月，《中国共享经济发展报告(2020)》指出，2019 年共享经济市场交易额为 32828 亿元，比上年增长 11.6%；直接融资额约 714 亿元，比上年下降 52.1%。在整体就业形势压力较大的情况下，共享经济领域就业仍然保持了较快增长。平台员工数为 623 万，比上年增长 4.2%；共享经济参与者人数约 8 亿人，其中提供服务者人数约 7800 万人，同比增长 4%。共享经济在推动服务业结构优化、促进消费方式转型等方面的作用进一步显现。2019 年，出租车、餐饮、住宿等领域的共享经济新业态在行业中的占比分别达到 37.1%、12.4%、7.3%，比 2016 年分别提高了 20.5、7.8 和 3.8 个百分点；网约车、外卖餐饮、共享住宿、共享医疗在网民中的普及率分别达到 47.4%、51.58%、9.7%、21%，比 2016 年分别提高了 15.1、21.58、4.7 和 7 个百分点。

2021 年 2 月发布的《中国共享经济发展报告（2021）》认为，2020 年，在突发的疫情冲击下，以共享经济为代表的新业态新模式表现出巨大的韧性和发展潜力。全年共享经济市场交易额约为 33773 亿元，同比增长约 2.9%。不同领域发展不平衡情况更加突出。知识技能、医疗共享等领域的市场规模大幅增长，同比分别增长 30.9% 和 27.8%；共享住宿、共享办公、交通出行等领域市场规模同比显著下降，降幅分别为 29.8%、26% 和 15.7%；生活服务领域同比下降 6.5%。测算表明，共享经济参与者约为 8.3 亿人，其中网约工约为 8400 万人，同比增长约 7.7%；平台企业员工数约 631 万人，同比增长约 1.3%。

2022 年 2 月发布的《中国共享经济发展报告（2022）》认为，虽深受疫情影响，但 2021 年我国共享经济继续呈现出巨大的发展韧性和潜力，全年共享经济市场交易规模约 36881 亿元，同比增长约 9.2%；直接融资规模约 2137 亿元，同比增长约 80.3%。从共享型服务的发展态势看，2021 年在线外卖收入占全国餐饮业收入比重约为 21.4%，同比提高 4.5 个百分点；网约车客运量占出租车总客运量的比重约为 31.9%；共享住宿收入占全国住宿业客房收入的比重约为 5.9%。从居民消费的角度看，2021 年在线外卖人均支出在餐饮消费支出中的占比达 21.4%，同比提高了 4.4 个百分点。网约车人均支出占出行消费支出的比重约为 8.3%，共享住宿人均支出在住宿消费中的占比约为 5.9%。

报告认为，2021 年我国共享经济发展呈现出一些新特点。一是受监管政策、企业上市、资本市场形势等多种因素影响，主要领域的共享经济市场格局加快重塑，竞争更加激烈，多元化商业模式的扩充和创新更加重要。二是一系列加强新就业形态劳动者权益保障的政策措施出台，共享经济新就业群体权益保障持续完善。三是共享经济市场制度建设步伐加快，监管执法力度加大，市场秩序进一步规范。

从报告可以看出，共享型服务和消费新业态新模式成为提升经济韧性和活力的重要力量。随着国家"十四五"规划的出台，我国共享经济迎来了新的发展机遇，共享经济在生活服务和生产制造领域的渗透场景将更加丰富。随着共享经济的全面发展，平台新就业形态劳动保障制度体系将加快完善，平台企业主体责任将进一步明确。从政策导向上看，发展共享经济将成为提升实体经济数字化转型实效的重要抓手，而这一切，为网约工的大发展提供了政策机遇。可以想见，网约工将在此基础上得到更大的发展。

当前，全球共享经济发展已经逐步从成长期进入快速扩张期，共享经济的领域范围也在不断延伸。正如我们看到的，共享经济由最初的共享汽车、共享住房等实物共享，开始逐渐渗透到金融、医疗、养老、教育、餐饮、物流、空间、技能、基础设施等多个领域，市场细分领域更加繁多，更重要的是，共享经济呈现出与农业、制造业、旅游业、能源以及城镇化建设等实体经济部门的不断深入融合趋势。或许在不久的将来，共享经济会出现在我们生活的每一个角落，作为一种价值理念深入人心，改变着人们的生活。由此可见，共享经济表现出巨大增长潜力和带动效应，也势必将成为全球经济成长的新引擎。而我们每个人都不可避免地参与其中，既是共享经济的发起者，又是共享经济的推动者，更成为共享经济的参加者，因为一个人能力再大，也不可能掌控社会全部资源，需要他人的分享，或者共享自己的资源，从这个意义来说，我们每个人都有成为网约工的机会。我们实际上就是网约工的一份子。

二、网约工成员组成

据国家信息中心调查数据测算，2015年至2017年，我国共享经济

平台网约工依次为 4500 多万人、5400 多万人、6200 多万人，年均增长
590 多万人，年均增速高达 18.17%，数倍于同期我国城镇就业人员增速。
2016 年，网约工已经占我国城镇就业人口的近 13%。而 2020 年，网约工
数量已达 8400 多万人，成为一支规模巨大的新生就业群体。

与共享经济发展初级阶段相一致，目前我国网约工主要汇聚于劳
动密集型服务业。2017 年，网约工主要集中在生活服务、交通出行、
知识技能、住宿餐饮、医疗服务和生产能力等领域，其中，包括配送、
外卖、家政、美妆、汽车后市场等在内的生活服务业达 2200 多万人，
包括网约乘用车和共享单车行业在内的交通出行业 2100 多万人，仅此
两项就占网约工总数的近 70%，如果再加上生产、住宿餐饮等行业网
约工，劳动密集型行业将占网约工总体的近八成。同时，在部分教育、
医疗和知识付费等知识技能密集型行业，网约工也开始出现并日渐扩
大。有研究显示：2016 年，我国共享医疗领域提供服务者达 256 万人，
他们主要是专业技能较强的医生和护理人员。

网约工整体上较年轻、学历偏低、专业技能一般，家庭负担较重，
以男性和外出农民工为主。据解放日报的一份调查统计数据，在上海市
网约工群体中，上海市网约工中的非沪籍农业户口务工人员占比达
68.57%，35 岁以下占比 73.47%。就具体行业而言，情况基本类似。以
外卖行业为例，75% 的美团外卖骑手以及 77% 的饿了么外卖骑手均来自
农村地区。从这一数据可以推知，我国网约工以新生代农民工群体为主。
针对不同类型的网约工群体的调查统计也印证了这一推断。美团点评研
究院以 3.8 万名骑手作为样本得出的《2018 年外卖骑手群体研究报告》表
明，75% 的骑手来自农村，82% 的骑手为 80 后和 90 后。由此，我们基
本可以推断出新生代农民工已经成为网约工的主要从业者。①

---

① 以上参见《中国共享经济发展报告》各年度报告相关内容。

网约工群体的持续壮大，对制造业的潜在威胁不言而喻。随着平台经济的兴起，越来越多的农民工正在跳出传统的实体经济，特别是从制造业流动到新型的互联网平台企业中。可以说，农民工从原来的工厂工人转向现在的网约工已成为一种趋势，但这并不见得是件好事，一些学者呼吁警惕平台经济对制造业工人的"吸血"风险。北上广等地制造业的用工荒、招工难，无疑是对这种风险的印证。制造业如果不居安思危，切实提高制造业工人待遇，改善工作环境，新生代农民工进一步逃离制造业就成为不争的事实，因此，我们一方面为共享经济的发展壮大而欢呼，另一方面又为制造业工人的不断逃离而感到心忧，因为制造业是一个国家的立国之本、强国之基，一个国家缺少发展的根基，难以自立，难以强大，更难以长久。

三、网约工的就业特征

网约工是通过网络平台获得工作机会并领取劳动报酬的群体，其中以网约车司机、外卖骑手、快递小哥、网络主播、保洁阿姨、上门厨师、上门美甲师等职业居多。网约服务工作作为一种新型的就业形式，与传统职业相比，具有一些新的特点。

其一，就业门槛低。到其他单位应聘，劳动者一般要有相应的文凭，还要经过相应的面试，而网约工就业门槛极低，网络平台不需要就业者提供文凭，也不用过来面试，只要在网上注册成功，接受网络平台单方协议，就业者身体健康，有一定的劳动技能即可。条件好的话，当天即可上岗，就业者不想干了，随时可以离开。

其二，就业方式灵活。网约工依靠平台提供的任务接单，多劳多得，少劳少得；有时间多接单，没时间不接单，干活时间完全由自己支配；网络平台的人身从属性也较低，就业者今天可以在这家平台接单,明天可以到另一家平台接单,工作拥有极大的自主性、独立性。这种弹性就业方式,非常适合那些时间灵活、业余时间多、想抽空挣点外快的就业者的需求。

其三,就业身份灵活。网约工与网络平台之间的身份多样,既可以是网络平台的正式员工,也可由第三方单位外派,还可以兼职身份从平台接单,身份灵活,劳动者可以根据自己需要自由选择。

其四,劳动保障缺乏。为规避劳动用工风险,网络平台一般不与就业者签订正式劳动合同,而是以信息服务提供者的身份,对外宣称与就业者建立的是劳务关系、承揽关系或居间关系,有的还强制要求就业者以个体工商户的身份与平台签订服务协议。由于不承认是平台的正式员工,平台自然也不会为网约工提供医疗、工伤等保障,目前八成以上的网约工为"无劳动合同、无社会保险、无劳动保障"的"三无"人员。

其五,超时劳动现象突出。由于平台不提供基本工资,网约工的工薪完全靠接单提成,为了多挣钱,许多网约工只好增加劳动时间,靠时间换钱。据调查,网约工的平均工作时间都在12小时以上。

其六,工作强度普遍较大。如外卖小哥平均一天要来回奔波上百公里,经常要爬楼,而且由于有计时系统,外卖小哥必需跑着送餐。网约车司机平均每天开车10小时以上,由于路况复杂,许多司机成为路怒族,而且长期坐在车里,双腿弯曲,导致身体隐患多多。

其七,工作风险性较高。如前所述,外卖配送员目前已成为死亡率最高的工种之一,尽管如此,但为了赶时间,多抢单,多派单,外卖小哥只能舍身派单。网约车司机尽管是"铁包肉",但由于时刻要抢单,每个乘客的路线不同、要求不同,神经高度紧张,加之工作时间长,休息时间不够,身体操控汽车的灵敏度下降,造成压线、抢红灯等违章事故不断,如果发生汽车剐蹭,或人身伤亡事件,那就只能自认倒霉了。

其八，网约工流动性较大。基本上没有网约工将网约服务工作作为自己的终身职业，仅将其当成过渡性工作，一有好的机会，或工作一段时间后感到身体吃不消，就立马辞职不干，因此网约工流动性较大，在一个地方干满三年的基本没有。

其九，收入较高。一分耕耘一份收入，目前许多人热衷于干网约服务，除了就业门槛低、时间灵活外，收入较高是一个重要的因素。据了解，成熟的外卖小哥、网约车司机月收入万元不少，而快递小哥、网络厨师等，努力的话，月收入也能过万。

其十，工作透明度高。买卖双方的下单、买单、出单以及抢单、送单、交单等整个交易过程基本都可在平台显示，各项操作均按统一的标准进行，否则就无法完成交易，整个工作过程显得透明规范，双方完全按平台规则办事，工作透明，交易规范，一个愿打一个愿挨，发生矛盾的机会少。

◎ 小知识

如何区分劳动关系、劳务关系及雇佣关系

劳动关系、劳务关系及雇佣关系是三个不同的用工概念，极易引起混淆，不说普通的劳动者，就是一些专业的人力资源管理师也弄不懂三者之间的关系。对于劳动者而言，不同的用工关系，产生的法律意义完全不同，决定着劳动者不同的权益及福利待遇。

一、概念区分

劳动关系，即用工主体基于劳动合同关系，招聘符合单位要求的劳动者从事某种劳动，用工主体根据劳动者工作成果支付劳动者报酬的一种相对稳定的用工关系。劳动关系是一个法律概念，

具有规范性、严肃性和正统性。

雇佣关系，即雇主根据自身某种需要，向社会招聘符合要求的雇员，提供劳动工具、劳动场所、劳动条件，雇员在雇主的指挥、管理下提供长期劳务，雇主根据雇员表现，依照双方约定支付劳动报酬的一种用工关系。

劳务关系，即劳动一方根据用工一方的要求，向其提供一次性或者临时性的劳动服务，并依约定取得劳动报酬的一种用工关系。用工方和劳动方是平等的民事主体。

从以上概念来看，劳动关系和雇佣关系具有从属性，都是招聘符合条件的雇员按要求从事某种工作的一种长期用工方式，但劳动关系受法律规范，是一种更高级的雇佣关系。也就是说，雇佣关系包含劳动关系，劳动关系是雇佣关系的高级形式。

二、劳动关系与劳务关系的区分

其一，从用工主体上看，劳动关系中的用工主体主要是指企业、个体经济组织、民办非企业单位等组织，以及与劳动者建立了劳动关系的国家机关、事业单位、社会团体，除此之外，其他主体不能成为劳动关系的用工主体，即一方是正式单位，另一方是劳动者个人。劳务关系的双方则可能都是个人，或者都是单位，也可能一方是单位，另一方是个人。

其二，从人身隶属关系上看，劳动关系中的劳动者与用人单位有隶属关系，服从用人单位的管理，用人单位对劳动者有经济处罚权，而劳务关系中的双方则是平等民事主体关系，无人身隶属关系，没有管理与被管理、支配与被支配的权利和义务。这也是劳动关系与劳务关系最基本、最明显、最本质的区别。

其三，从支付报酬的形式上看，劳动关系支付报酬方式固定，多以工资方式、按月支付。劳务关系按劳动完成情况，一般会当场结算，即时付清。

其四，从法律的适用性来看，劳动关系产生的纠纷应由劳动法来调整，劳务关系中产生的纠纷则主要由民法来调整。

其五，从关系的稳定性上看，劳动关系的当事人之间关系较为稳定，双方一般签订了契约合同，而劳务关系一般以口头合同为准，事干完即结账走人，双方关系也随之完结。

其六，从用工的时限来看，劳动关系中的双方往往签订了正式劳动合同，工作时限较长，往往以年为单位，而劳务关系中双方往往用时较短，许多是临时性的工作，简单易完成，干完即可拿钱。

其七，从对劳动者的要求来看，在劳动关系中，劳动者是指达到法定年龄，具有劳动能力，以从事某种社会劳动获得收入为主要生活来源的自然人，并享受工伤保险等福利，而在劳务关系中，劳动者既可为具有行为能力的自然人，也可为法人、非法人组织，并未限制劳动者的资格。

三、劳动关系与雇佣关系的区分

一是用工主体不同。如前所述，劳动关系的用工主体只能是单位，而雇佣关系中双方签约主体一般为自然人。

二是关系的稳定性不同。一般来说，劳动关系中双方有稳定的劳动关系，并有劳动合同作为保障，形成了较为稳定的权利和义务关系，而雇佣关系随约定事项的完成情况决定雇佣时间的长短。

三是劳动保障力度不同。劳动关系由劳动法规范，对劳动者的工资、社保、工伤以及生育等都有强制性规定，违者会招致法律或劳动部门的处罚，体现了国家的强制干预性。而雇佣关系缺少法律的兜底，双方单纯基于经济关系而建立，一方从事劳动，另一方支付劳动报酬，其他附属待遇不受法律的强制约定。

四是管理属性不同。如果是劳动关系，劳动者必须遵守用人单位依法制定的各项规章制度，受用人单位的管理，在人身上与单位具有一定的从属性，雇佣关系中主体地位则是平等的，他们之间是一种"劳务"与"报酬"之间的交换，受雇人还可同时选择给两家以上的雇佣方提供劳务。

五是适用法律不同。雇佣关系中发生的纠纷应按照民事争议处理，而劳动争议的解决则按照劳动法的相关规定进行处理，两者在法律适用上存在明显区别。

六是处理机制不同。如果劳动者与用人单位发生争议，必须先进行劳动仲裁，如果不服仲裁才能向法院起诉，而雇佣关系中发生纠纷，可以直接向人民法院起诉，不需要经过仲裁程序。

七是人身损害赔偿不同。劳动关系中，劳动者发生工伤事故，用人单位可用工伤保险进行赔付，而雇佣关系中，雇员在从事雇佣活动中遭受人身损害，雇主应自行承担赔偿责任。

四、劳务关系与雇佣关系的区分

一是双方关系的存续时间长短不同。劳务关系中双方往往是一手交钱、一手交货的短期劳务关系，劳务提供方所付报酬也是一次性的。雇佣关系持续时间一般比劳务关系持续时间长，主雇双方关系也较为稳定。

二是工作条件不同。劳务关系中，是否提供工作场所、工作工具以及劳动保障根据工作的复杂程度及时间长短而定。雇佣关系中，雇主则一般需要提供相应的劳动场所、劳动工具以及安全的劳动环境等。

三是适应法律不同，如前所述，雇佣关系中的雇主即为民法所规定的具有民事行为能力的民事主体，雇主的范围比较广泛，而雇员一方只能是自然人。而劳务关系中劳务的供方与需方均无特殊限制，劳务供方可为自然人、个体工商户、家庭承包经营户、企业、民办非企业组织等民法所规定的民事主体，劳务需方也可为前述主体，对劳务供方并未限制其为自然人。

四、网约工的三种就业形式

网约工因分布于不同的平台，平台企业各异，用工形式也有所差异，但网约工与平台的关系总体上可分为以下三类：

第一类，直接雇佣模式。即互联网平台与网约工直接建立劳动关系，在这种模式下，服务提供者直接与互联网平台签订劳动合同，并由互联网平台为其缴纳社会保险，双方之间的权利义务关系适用《劳动法》《劳动合同法》以及其他劳动法律法规。

第二类，外包模式。在这种模式下，平台将用工需求外包给第三方人才服务公司，由第三方人才服务公司向平台提供所需人员，就业者不与平台发生关系，而是与第三方人才服务公司发生联系，属于实事上的劳动关系。

第三类，众包模式。互联网平台或第三方人才服务公司提供临时人员招聘信息，就业者以兼职形式加入平台或人才服务公司，工作内容是通过平台接受工作任务，没有底薪，按接单量提成。平台及人才服务公司仅向员工提供工作信息，除前期简单培训外，不负责员工的后续管理及培训工作，也不负责员工的社保等。

下面以外卖配送业为例，详细讲解这三种用工形式。

目前各外卖平台都拥有数量庞大的配送人员,如美团的美团配送,饿了么的蜂鸟配送,其人员组成如下。

外卖业两大巨头

1. 卖家自送骑手

这种配送,是卖家自己雇用员工负责配送,平台只负责宣传推广。卖家接到平台(也可以自建平台)的客户点单后,自己负责生产,自己派专人派送。由于要专门养一帮人配送,经营成本大增,需要商家经营规模够大,餐品受众面广,且口碑好,有很大的点餐量,且餐品需要维持较高的利润率,否则就难以生存下去。目前一些知名酒店或国际知名连锁快餐店多采用这种形式,如肯德基快送等。

2. 外卖平台骑手

外卖平台一般都有自己的配送员,这些配送员又分为两种,一种是外卖平台专送骑手,另一种是外卖平台众包骑手。

(1)专送骑手

平台专送骑手又称平台自营骑手,是指配有专业的配送装置,有专业人士指导,并有社会保险保障的平台内部员工。平台专送骑手相较于其他用工形式的送餐员,有更严格的管理且对送餐质量的要求也更高。这类人由外卖平台负责招聘、培训及管理，平台与其签订劳动合同，并为其缴纳五险一金。这批人招聘手续健全、正规，员工忠诚度高，但由于用工成本较高，目前各平台的专送骑手并不多。

（2）众包骑手

众包骑手即平台把骑手工作向大众外包，把本属于平台的配送工作外包给社会上不特定的骑手。众包骑手相当于平台兼职外卖人员。这类人员不用平台招聘，只需通过平台申请，提供身份证、健康证明等基本信息资料即可抢单配送，每单提成，工资日结或周结，用工方式灵活，骑手数量众多。这种模式下的骑手一般实行抢单制，由餐厅派单，众包骑手通过平台进行抢单。众包的配送范围也大于专送骑手，配送依距离收费，距离与收费成正比。外卖平台一般声明自己与众包骑手之间的关系是信息服务居间关系而非劳动关系，餐厅则更不认可自己与众包骑手之间存在劳动关系。由于没有严格的招工手续，且没有签订劳动合同，一旦出现纠纷，骑手往往难以维权。而平台对这些兼职人员也没有很强的约束力，众包人员在配送中随时会撂挑子不干，平台除对其扣薪外，再无其他处罚措施。

从以上两种平台用工形式可以看出，直营配送人员才是各平台的"亲儿子"。之所以有这样的区分，是因为众包业务更多地是用来阻击竞争对手。通常情况下，平台会为直营配送人员进行统一的招募和培训，以保证足够的运力和服务质量。

直营配送与众包配送区别很大，下面以某外卖平台送餐员专送(全职)和众包(兼职)为例来进行说明。

综合来看，前者是全职，后者是兼职，区别在于天天上班和随时兼职。

其一，专送人员属于公司内部员工，有专人管理，有规定的上下班时间,而众包人员则是个人注册的,没有专人管理,7×24 小时想什么时候送就什么时候送,想什么时候走就什么时候走。

其二,专送人员每单提成基本固定,比如 5+2,也就是每单 5 元钱,好评另外加 2 元,也就是最高 7 元,这个提成与距离远近没有关系,送 500 米和送 3 公里,提成都是 5+2,而众包人员是根据距离远近来算提成的,有 5 元的、8 元的、10 元的等。

其三,专送人员一般都是系统派单,系统会自动识别专送人员在哪儿,附近有什么单子,会派顺路的单子,比较人性化,顺路单效率也比较高,而众包人员需要自己去抢单,这样就要求骑手一刻不停地盯着手机看,哪怕是在骑车时,这样就会产生交通安全隐患。

其四,专送人员是公司直管的,薪资自然是月结,而众包人员属临时人员,可以随时提现,随时走人。

其五,专送人员送餐一般在 3 公里以内,众包骑手则没有区域限制,一般远距离都由他们派送,当然远距离的配送提成会略高些。

3. 外包骑手

外包骑手为与外卖平台合作的代理商配送员。这种情况一般是外卖平台刚进入某市场时,由于时间精力不够,无法马上招聘一批配送人员,为补充自身专送人力不足,于是选择与当地的配送"地头蛇"合作。这种合作也分为两种方式:一种是外卖平台将一定区域内的所有平台订单配送工作整体发包给代理商,由该代理商自行组建配送团队,并对配送人员进行管理,支付工资,承担用工主体责任。另一种是劳务派遣。由劳务派遣公司与配送员签订劳动合同,再以劳务派遣的用工形式将其派到外卖平台工作,双方是一种劳务关系,外卖平台借此可有效规避法律风险,降低用工成本。

由以上可知,目前外卖平台按人员隶属性质来说,实际上分为两种形式，即平台直招人员及平台兼职人员。平台直招人员接受公司培训及管理，严格按公司规章办事，入职前需参加培训，入职后每天早上要到公司开会，接受公司关于工装整齐度、送餐箱卫生等方面的检查，遵守公司考勤管理制度，工作时间必须在线，工作服、头盔、送餐箱等装备均有外卖平台标识，接受相应的奖惩措施，不上班需请假报备，并由平台对其服务质量进行考核，根据配送订单数量每月按时向其发放报酬。而兼职人员(众包、外包人员等)则管理松散，并不隶属于外卖平台，是外卖平台的兼职人员或临时人员，一旦平台完成升级换档或经营转型，则这些人员会遭到平台淘汰。

这种形式的好处和坏处显而易见，众包的形式用工灵活，兼职者喜欢，平台也能保证运力充沛，因此总的来说，商家和买家以及外卖员的要求都可以得到满足，但是一旦处于极端情况之下，比如恶劣天气、春节长假，人员就会严重不足，运力无法得到保证，配送时效大受影响。另外，兼职人员鱼龙混杂，很多人员并未经过系统的培训就开始服务，很难保证服务质量。随着外卖平台的重新洗牌，目前一些头部外卖平台加大了直招比例，比如美团一方面拟将直招比例扩大到一半甚至高达 70%，另一方面是加大对众包人员的考核，优胜劣汰，优秀者转为直营人员，将不合格的众包人员列入黑名单，对他们永远不再录用。

另外，这种用工形式也存在较大的法律风险，专送骑手与平台形成事实劳动关系，依法享有劳动法与社会保障法规定的各项权利。专送骑手可根据平台规定的固定时长自由选择工作时间，但工作的时间总长受我国劳动法的调整。而外包骑手或众包骑手是由外包公司自行招募，或是平台兼职人员，平台宣称与他们建立的是劳务关系，或信息服务居间关系，不是劳动关系，以此逃避严格的劳动法的规制，餐厅则更不认可自己与众包骑手之间存在劳动关系，一旦众包骑手与平台之间出现法律纠纷或在送单途中出现交通事故等意外事件，则很难得到公司赔偿或法律援助。

◎ **小知识**

国家十条措施维护外卖送餐员权益

一、科学设置报酬规则，保障合理劳动收入

网络餐饮平台要认真完善外卖送餐员劳动报酬规则，建立与工作任务、劳动强度相匹配的收入分配机制。制定科学合理的劳动定额标准和外卖送餐员接单最低报酬，确保外卖送餐员提供正常劳动的实际所得不低于当地最低工资标准。明确劳动报酬发放时间和方式，确保按时足额发放。外卖送餐员在法定节假日、恶劣天气、夜间等情形下工作的，适当给予补贴。

二、完善绩效考核制度，发挥正向激励作用

网络餐饮平台及第三方合作单位要合理设定对外卖送餐员的绩效考核制度。在制定调整考核、奖惩等涉及外卖送餐员切身利益的制度或重大事项时，应提前公示，充分听取外卖送餐员、工会等方面的意见。优化算法规则，不得将"最严算法"作为考核要求，要通过"算法取中"等方式，合理确定订单数量、在线率等考核要素，适当放宽配送时限。

三、优化平台派单机制，切实保障劳动安全

网络餐饮平台要发挥数据技术优势，进一步完善订单分派机制，优化外卖送餐员往返路线，降低劳动强度。科学确定订单饱和度，向外卖送餐员分派订单量时，要充分考虑安全因素。合理管控在线工作时长，对于连续送单超过 4 小时的，系统发出疲劳提示，20分钟内不再派单。加强日常交通安全教育，定期开展安全培训，引导督促外卖送餐员严格遵守交通法规，骑行环节全程佩戴安全头盔，使用符合国家安全标准的配送车辆，保障劳动安全。

四、加强外卖服务规范，严守食品安全底线

网络餐饮平台要切实担负食品配送环节安全责任，履行食品安全法律法规规定的义务。制定平台外卖送餐服务管理规范，加强食品安全知识培训，提升外卖送餐员食品安全风险防控、个人卫生等方面知识水平。保障配送容器安全卫生，加快推行外卖餐食封签等措施，确保食品配送过程不受污染，严格落实食品安全要求。

五、综合运用保险工具，着力强化保障力度

网络餐饮平台及第三方合作单位要依法为建立劳动关系的外卖送餐员参加社会保险，鼓励其他外卖送餐员参加社会保险。按照国家规定参加平台灵活就业人员职业伤害保障试点，防范和化解外卖送餐员职业伤害风险。鼓励针对平台就业特点，探索提供多样化商业保险保障方案，确保缴纳费用足额投保，提高多层次保障水平。

六、优化从业环境，改善工作生活条件

鼓励支持新业态发展，营造良好从业环境，积极发挥稳定和扩大就业作用。推动在商业楼宇、居民小区等设置外卖送餐员临时驻留点，公共区域设置电动车充换电设施，提供必要的饮水、休息、充电等条件，不断改善工作环境。加强与物业管理机构沟通，通过推广铺设智能取餐柜等形式，提升外卖送达的便利度。鼓励研发智能头盔等穿戴设备，促进骑行配送安全。对外卖送餐员的住宿、子女教育等方面给予关心支持。

无接触配送柜越来越多

七、加强组织建设，完善支持保障体系

推动建立适应新就业形态的工会组织，积极吸纳外卖送餐员群体入会，引导帮助外卖送餐员参与工会事务，提高权益保障体系化、机制化水平。支持工会开展工作，参与外卖送餐员报酬规则、绩效考核、派单时间、劳动安全、工作条件等重要事项协商协调，保障外卖送餐员对涉及自身利益事项的知情权，为外卖送餐员提供依法维权咨询、政策宣传解读、技能培训、心理疏导、思想关爱、困难帮扶和送温暖等服务，维护外卖送餐员的合法

权益。

八、给予更多关心关爱，增强职业社会认同

积极倡导网络餐饮平台加强团队建设，丰富外卖送餐员文化生活。加大宣传力度，营造良好氛围，引导社会对外卖送餐员形成身份尊重和职业认同。推动开展技能、素质、文化等多方位培训，提升外卖送餐员能力水平，提高公共环境融入度，营造外卖送餐员与餐饮商户、消费者之间的和谐关系。制定完善救助预案，对遇到特殊困难的外卖送餐员及时给予帮助，切实提高团体归属感。

九、强化风险防控措施，有效化解处置矛盾

网络餐饮平台及第三方合作单位要建立有效的风险防控和矛盾处置机制。要落实风险防控责任，开展常态化风险评估，充分依托大数据等技术优势，及早发现风险因素，及时预警处置并报告地方政府。要畅通外卖送餐员诉求渠道，明确诉求处置程序、时限，加强民主协商和平等沟通，满足正当诉求。坚持抓早抓小，对因客观因素造成送单超时等常规问题，一般在 24 小时内合理解决，防止矛盾升级，有效处置纠纷。

十、适应灵活就业发展趋势，不断提升权益保障水平

督促网络餐饮平台及第三方合作单位依法保障外卖送餐员合法权益。外卖送餐员的工作任务来源于平台，通过平台获得收入，平台应通过多种方式承担劳动者权益保障方面的责任。平台要加强对第三方合作单位保障外卖送餐员正当权益情况的监督。平台应严格落实国家关于维护灵活就业和新就业形态劳动者权益的法律规定和政策举措，不断提升外卖送餐员权益保障水平。(节选自由市场监管总局等 7 部门于 2021 年 7 月联合印发的《关于落实网络餐饮平台责任，切实维护外卖送餐员权益的指导意见》)

五、网约工与传统劳动者的区别

相对于传统经济模式中的标准劳动关系,共享经济下的网约服务属于非标准劳动关系,其就业方式与传统的劳动关系有很大差异,具体来说就是管理方式新、工作方式新、就业关系新。

(一)管理方式新

在传统的用工模式中,一般劳动者有属于自己的单位,有属于自己的领导,有一定的规章制度约束,在一定的要求及任务下进行工作,月度根据业绩领取报酬。而共享经济下的网约服务就业方式灵活,劳动管理以订单管理和平台智能化管理为主,移动网络平台智能化管理成为共享企业劳动管理的主要手段,主雇双方根本不用见面,依靠网络及平台联系即可,雇主由此可压缩办公场所,减少人力管理成本支出,避免复杂的劳动纠纷,可管理并没有因此而放松,相反,雇主凭借强大的互联网及算法机制,无时无刻、无处不在地监督员工的劳动,达到"无为而治"的效果。而劳动者在平台管理下,一切以订单量为目标,为了多拿单、多派单,他们自主自愿接受平台指派,积极主动完成各种任务,在详细且完备的数据面前,考核基本上能达到公平公正合理,且薪金支付及时,有时还可以日结,劳动者的劳动价值得到充分肯定,其工作积极性自然得到最大限度的发挥,这些是那些工业大厂难以企及的。当然,平台的智能化管理在带来对变化式工作场景监管便利的同时,也带来了管理非人性化、刻板僵化等新问题。

(二)工作方式新

传统的就业方式下,劳动者需要与用工单位签订劳动合同,服从用人单位的安排，在固定的时间、固定地点完成固定任务，整个劳动过程受用人单位监督。相比之下，网约服务这种就业方式更具灵活性，劳动者在工作内容及工作方式上具有极大的独立性，与用工单位的人身依附性不大。

第一，工作方式自由化。网约工的工作内容具有灵活性，网络平台将分派的任务上传到工作平台，由线下众多网约工完成工作任务。网约工根据自己的意愿以及服务能力选择接受或者不接受，有选择具体劳动任务的自由，不受企业的直接监督及考核，也不受企业规章制度的严格限制，根据自己的收入预期和需要自行决定工作的方式。

第二，工作场所流动化。网约工不需要像传统劳动者那样每天到单位报到，领受工作任务，网约工没有固定的工作场所，接受任务的方式是进入网络平台，选择自主接单，家里、室外甚至马路边即可完成工作任务。

第三，工作时间随意化。用工单位将具体的工作任务分解，通过众包的方式把业务分派给不同的网约工，由平台负责匹配，网约工则根据自己的意愿选择接受或者不接受，有选择具体劳动任务的自由，劳动时间呈现出碎片化的趋势。

第四，工作任务独立化。与传统工厂需要工人相互协作才能完成工作不同，网约工不需要组团工作或抱团发展，由于从事的主要是服务型工作，单靠个人力量就能完成，导致网约工对他人和团队的依赖性降低，而且有时基于个人利益考虑，网约工往往会主动"屏蔽"团队，其工作经验或工作成绩往往不愿与他人分享，热衷于做"独行者"，团队合作意识较差。

第五，工作形式上门化。传统工厂劳动者工作在单位完成即可，之后由销售或售后人员将后续工作延伸到商超或客户，可网约工工作大多一站到底，直接深入到客户家中，采取直接上门的工作形式，如送货(餐)、取件、保洁、美容等,均要求开展上门服务,接受用户的检验及评价。

第六,工作考核终端化。如前所述,由于直接上门服务,网约工的服务态度如何,服务质量如何,直接受客户的监督,接受他们的评价。平台还建立了完备的投诉通道,客户意见直接影响网约工的收入,因此,网约工的服务态度一般较好。

第七,工作报酬支付快捷化。与传统企业支付报酬一般月结或以项目完成才结算不同,网约工工资结算方式灵活,按单结、按天结或按月结均可,非常适合临时、兼职或急需用钱的劳动者需求。

(三)就业关系新

共享经济依托互联网平台进行资源的整合重组、供需匹配,平台企业将工作任务以众包的形式分派给网约工,在用工方式上表现为弹性的用工需求,网约工则选择灵活就业,导致共享经济模式下,劳资双方的劳动关系形态呈现出新变化。

在传统劳动关系中,用人单位与劳动者之间是一一对应关系,即一个劳动者在同一时期从属于一家用人单位,只与一家用人单位建立稳定的劳动关系,相应地,用人单位也将签订劳动合同的劳动者视为自己的员工。

而在共享经济背景下,不同于传统劳动关系,共享经济劳动关系主体之间在订立劳动关系时是通过"注册"的方式,只需网约工提供一定的身份信息,基本不需要进行仔细审查即可入职。在具体劳动关系上,既有平台直接雇佣的劳动人员,属于标准劳动关系,也有间接用工的劳动关系,一般采取劳务派遣的方式用工,大量的网约工通过与劳动派遣公司签订劳动合同或协议,达到为平台企业工作的目的。还有一种是平台招聘的大量众包人员,这些众包人员与平台建立的是单纯的劳务关系，或承揽关系，众包人员按任务量完成情况取得劳动报酬，属于一手交货一手拿钱的最原始用工方式，完全脱离劳动保护法的范围。

共享经济下的这三种用工方式，属于社会第四次大变革后出现的新问题，明显区别于传统标准就业形态下的单位制职工，也迥然不同于传统自由职业者、非全日制雇佣者等灵活就业人员。而我国法律在对劳动者的定位上显得相对滞后，存在非黑即白的缺点，即要么为劳动者，要么为非劳动者，而没有考虑到第三种情况，即类劳动者。网络平台存在多种用工方式，有其自身特点，网约工既非法律意义上的劳动者，又具备劳动者的某些特征，存在第三种情况，即类劳动者(不完全符合确立劳动关系情形但企业对劳动者进行了劳动管理)，需要我国加快研究用工新情况，出台相关制度，切实维护劳动者权益。

六、网约工的收入状况

如前所述，网络平台之所以吸引大量人员，除用工方式灵活，时间自由外，与高薪有很大的关联，在一线城市，像网约车司机、外卖小哥、快递专员等，只要勤奋努力，舍得流汗，服务态度好，获得客户好评，这样不但派单量大，提成高，而且还能获得公司的月度奖励，月入万元自然不在话下。不过，处于金字塔尖的永远只是少数，大部分人只能处于中部，一般网约工只能拿五六千元的收入，即便如此，此份收入在城市里也算不错的了。当然，由于工作时间长，一般达12小时以上，这样算下来，他们的时薪并不高，还要面临平台的各种严苛管理及数目众多的罚款，此外由于以户外工作为主，交通意外事故难免，工作风险系数不小，而由于各种劳动保障福利的缺失，一旦出现劳动意外事故，他们往往无法从公司那里得到相应的补偿，所以这碗饭还真不是一般人能吃的。

以外卖小哥的收入为例，通常来说，专职人员收入由底薪及提成两部分组成，完成一定的接单任务后，按单提成，每单提成价格一般为5元左右，或采取阶梯形式定价，如客单总计超过300单，则每单提成涨为6元，超过400单，则每单提成涨为7元，送得越多，每单提成越高。另外，偏僻或超过5公里地带，以及晚上8时以后派单，每单提成额外会增加一二元。

对于平台自营人员，平台一般包固定话费，为他们交意外保险，提供电动车及工作服、保温箱等服务。他们固定工作时间一般为8小时。众包人员则大多没有底薪，收入完全靠接单提成，相比专职人员，同等条件下其每单提成稍高一二元，但公司不负责提供其他福利。前者为月结，后者则采取日结或周结形式。

外卖平台还出台了各种处罚措施，一旦送餐时间超时，或遭受客户差评，外卖小哥一般要扣款50元以上，那本趟就基本白送了。如果遭受客户投诉，查证属实，则罚款200元以上。当然，如果收到一定数量的好评，平台会给予奖励或每单提成增加。为多挣钱，外卖小哥一般服务态度较好，送餐准时，希望客户多给自己好评，他们最怕客户的差评尤其是投诉。由于关系自身切身利益，许多外卖小哥在收到客户差评或投诉后，在弄清楚是自身的原因后，都能及时予以改进。

比起工作的高强度，最令外卖员担忧的是人身安全问题。一些外卖员为了抢单，有时骑着车还要打电话，一些外卖员视红绿灯如无物，与汽车抢道赛跑，伤人或自伤事故时常发生，尽管知道责任大多归己，但在现实压力面前，他们又不得不这样做。

已做了三年网约保洁工作的张师傅有一肚子苦水。他在做保洁时，由于平台是按时间收费，客户为了节约时间，完全把张师傅当机器使用，连喝口水、上卫生间的时间都不给张师傅，而且给张师傅的都是重活脏活危险活。某次，张师傅擦玻璃不小心弄破了一块，客户除了让张师傅高额赔偿外，还到平台投诉，这一天下来，张师傅腰酸背疼，一分钱没挣不说，还倒贴了几百元。张师傅最怕今后干活时出现安全事故，一旦出现意外，网络平台并没有给他购买劳动保险，出了事只得自己兜着。

网约车司机也有同样的担忧。网约车司机赵师傅说："长期在户外开车，擦擦碰碰难免，出事故了就靠保险公司赔偿。一般营运车一年保费上万元，但网约车是私家车，我们买的是3000多元一年的私家车保险，要是保险公司以非法营运为由不赔的话，就得我们自己修车埋单了。"对于未来还开不开网约车，赵师傅满脸苦笑："不做，那老婆孩子咋办，开一天，好歹挣个一二百元；不做，年龄大了到哪找工作，喝西北风去，只能做一天是一天了。"

◎ 小知识

网络预约出租汽车公司及从业司机资格规定

第二章 网约车平台公司

第五条。申请从事网约车经营的，应当具备线上线下服务能力，符合下列条件：（一）具有企业法人资格；（二）具备开展网约车经营的互联网平台和与拟开展业务相适应的信息数据交互及处理能力，具备供交通、通信、公安、税务、网信等相关监管部门依法调取查询相关网络数据信息的条件，网络服务平台数据库接入出租汽车行政主管部门监管平台，服务器设置在中国内地，有符合规定的网络安全管理制度和安全保护技术措施；（三）使用电子支付的，应当与银行、非银行支付机构签订提供支付结算服务的协议；（四）有健全的经营管理制度、安全生产管理制度和服务质量保障制度;(五)在服务所在地有相应服务机构及服务能力;(六)法律法规规定的其他条件。外商投资网约车经营的,除符合上述条件外,还应当符合外商投资相关法律法规的规定。

第六条。申请从事网约车经营的,应当根据经营区域向相应的出租汽车行政主管部门提出申请,并提交以下材料:(一)网络预约出租汽车经营申请表(见附件)。(二)投资人、负责人身份、资信证明及其复印件,经办人的身份证明及其复印件和委托书。(三)企业法人营业执照,属于分支机构的还应当提交营业执照。(四)服务所在地办公场所、负责人员和管理人员等信息。(五)具备互联网平台和信息数据交互及处理能力的证明材料,具备供交通、通信、公安、税务、网信等相关监管部门依法调取查询相关网络数据信息条件的证明材料,数据库接入情况说明,服务器设置在中国内地的情况说明,依法建立并落实网络安全管理制度和安全保护技术措施的证明材料。(六)使用电子支付的,应当提供与银行、非银行支付机构签订的支付结算服务协议。(七)经营管理制度、安全生产管理制度和服务质量保障制度文本。(八)法律法规要求提供的其他材料。首次从事网约车经营的,应当向企业注册地相应出租汽车行政主管部门提出申请,前款第(五)、第(六)项有关线上服务能力材料由网约车平台公司注册地省级交通运输主管部门会商同级通信、公安、税务、网信、人民银行等部门审核认定,并提供相应认定结果,认定结果全国有效。网约车平台公司在注册地以外申请从事网约车经营的,应当提交前款第(五)、第(六)项有关线上服务能力认定结果。其他线下服务能力材料,由受理申请的出租汽车行政主管部门进行审核。

第七条。出租汽车行政主管部门应当自受理之日起20日内作出许可或者不予许可的决定。20日内不能作出决定的,经实施机关负责人批准，可以延长 10 日，并应当将延长期限的理由告知申请人。

第八条。出租汽车行政主管部门对于网约车经营申请作出行政许可决定的，应当明确经营范围、经营区域、经营期限等，并发放网络预约出租汽车经营许可证。

第九条。出租汽车行政主管部门对不符合规定条件的申请作出不予行政许可决定的，应当向申请人出具不予行政许可决定书。

第十条。网约车平台公司应当在取得相应网络预约出租汽车经营许可证并向企业注册地省级通信主管部门申请互联网信息服务备案后，方可开展相关业务。备案内容包括经营者真实身份信息、接入信息、出租汽车行政主管部门核发的网络预约出租汽车经营许可证等。涉及经营电信业务的，还应当符合电信管理的相关规定。网约车平台公司应当自网络正式联通之日起 30 日内，到网约车平台公司管理运营机构所在地的省级人民政府公安机关指定的受理机关办理备案手续。

第十一条。网约车平台公司暂停或者终止运营的，应当提前 30 日向服务所在地出租汽车行政主管部门书面报告，说明有关情况，通告提供服务的车辆所有人和驾驶员，并向社会公告。终止经营的，应当将相应网络预约出租汽车经营许可证交回原许可机关。

第三章　网约车车辆和驾驶员

第十二条。拟从事网约车经营的车辆，应当符合以下条件：(一)7 座及以下乘用车；(二)安装具有行驶记录功能的车辆卫星定位装置、应急报警装置；(三)车辆技术性能符合运营安全相关标准要求。车辆的具体标准和营运要求，由相应的出租汽车行政主管部门，按照高品质服务、差异化经营的发展原则，结合本地实际情况确定。

第十三条　服务所在地出租汽车行政主管部门依车辆所有人或者网约车平台公司申请，按第十二条规定的条件审核后，对符合条件并登记为预约出租客运的车辆，发放网络预约出租汽车运输证。城市人民政府对网约车发放网络预约出租汽车运输证另有规定的，从其规定。

第十四条　从事网约车服务的驾驶员，应当符合以下条件：(一)取得相应准驾车型机动车驾驶证并具有 3 年以上驾驶经历；(二)无交通肇事犯罪、危险驾驶犯罪记录，无吸毒记录，无饮酒后驾驶记录，最近连续 3 个记分周期内没有记满 12 分记录；(三)无暴力犯罪记录；(四)城市人民政府规定的其他条件。

第十五条　服务所在地设区的市级出租汽车行政主管部门依驾驶员或者网约车平台公司申请，按第十四条规定的条件核查并按规定考核后，为符合条件且考核合格的驾驶员，发放网络预约出租汽车驾驶员证。

第四章　网约车经营行为

第十六条　网约车平台公司承担承运人责任，应当保证运营安全，保障乘客合法权益。

第十七条　网约车平台公司应当保证提供服务车辆具备合法营运资质，技术状况良好，安全性能可靠，具有营运车辆相关保险，保证线上提供服务的车辆与线下实际提供服务的车辆一致，并将车辆相关信息向服务所在地出租汽车行政主管部门报备。

第十八条　网约车平台公司应当保证提供服务的驾驶员具有合法从业资格，按照有关法律法规规定，根据工作时长、服务频次等特点，与驾驶员签订多种形式的劳动合同或者协议，明确双方的权利和义务。网约车平台公司应当维护和保障驾驶员合法权益，开展有关法律法规、职业道德、服务规范、安全运营等方面的岗前培训和日常教育，保证线上提供服务的驾驶员与线下实际提供服务的驾驶员一致，并将驾驶员相关信息向服务所在地出租汽车行政主管部门报备。网约车平台公司应当记录驾驶员、约车人在其服务平台发布的信息内容、用户注册信息、身份认证信息、订单日志、上网日志、网上交易日志、行驶轨迹日志等数据并备份。

第十九条。网约车平台公司应当公布确定符合国家有关规定的计程计价方式，明确服务项目和质量承诺，建立服务评价体系和乘客投诉处理制度，如实采集与记录驾驶员服务信息。在提供网约车服务时，提供驾驶员姓名、照片、手机号码和服务评价结果，以及车辆牌照等信息。

第二十条。网约车平台公司应当合理确定网约车运价，实行明码标价，并向乘客提供相应的出租汽车发票。

第二十一条。网约车平台公司不得妨碍市场公平竞争，不得侵害乘客合法权益和社会公共利益。网约车平台公司不得有为排挤竞争对手或者独占市场，以低于成本的价格运营，扰乱正常市场秩序，损害国家利益或者其他经营者合法权益等不正当经营行为，不得有价格违法行为。

第二十二条。网约车应当在许可的经营区域内从事经营活动，超出许可的经营区域的，起讫点一端应当在许可的经营区域内。

第二十三条。网约车平台公司应当依法纳税，为乘客购买承运人责任险等相关保险，充分保障乘客权益。

第二十四条。网约车平台公司应当加强安全管理，落实运营、网络等安全防范措施，严格数据安全保护和管理，提高安全防范和抗风险能力，支持配合有关部门开展相关工作。

第二十五条。网约车平台公司和驾驶员提供经营服务应当符合国家有关运营服务标准，不得途中甩客或者故意绕道行驶，不得违规收费，不得对举报、投诉其服务质量或者对其服务作出不满意评价的乘客实施报复行为。

第二十六条。网约车平台公司应当通过其服务平台以显著方式将驾驶员、约车人和乘客等个人信息的采集和使用的目的、方式和范围进行告知。未经信息主体明示同意，网约车平台公司不得使用前述个人信息用于开展其他业务。网约车平台公司采集驾驶员、约车人和乘客的个人信息，不得超越提供网约车业务所必需的范围。除配合国家机关依法行使监督检查权或者刑事侦查权外，网约车平台公司不得向任何第三方提供驾驶员、约车人和乘客的姓名、联系方式、家庭住址、银行账户或者支付账户、地理位置、出行线路等个人信息，不得泄露地理坐标、地理标志物等涉及国家安全的敏感信息。发生信息泄露后，网约车平台公司应当及时向相关主管部门报告，并采取及时有效的补救措施。

第二十七条。网约车平台公司应当遵守国家网络和信息安全有关规定，所采集的个人信息和生成的业务数据，应当在中国内地存储和使用，保存期限不少于2年，除法律法规另有规定外，上述信息和数据不得外流。网约车平台公司不得利用其服务平台发布法律法规禁止传播的信息，不得为企业、个人及其他团体、组织发布有害信息提供便利，并采取有效措施过滤阻断有害信息的传播。发现他人利用其网络服务平台传播有害信息的，应当立即停止传输，保存有关记录，并向国家有关机关报告。网约车平台公司应当依照法律规定，为公安机关依法开展国家安全工作，防范、调查违法犯罪活动提供必要的技术支持与协助。

第二十八条。任何企业和个人不得向未取得合法资质的车辆、驾驶员提供信息对接开展网约车经营服务。不得以私人小客车合乘名义提供网约车经营服务。网约车车辆和驾驶员不得通过未取得经营许可的网络服务平台提供运营服务。

（节选自由交通运输部等 7 部委于 2016 年发布的《网络预约出租汽车经营服务管理暂行办法》）

七、网约工的权益保障问题

除了交通安全事故频发，医疗救治无法得到保障外，由于劳动法律地位的缺失，网约工的各种劳动权益保障问题，也成为他们心中永远的痛。

其一，网约工社会保障严重缺乏。很多网约工面临"无劳动合同、无社会保险、无劳动保障"的"三无"窘境。之所以出现"三无"窘境，前文已经分析过，此处不再赘述。基于此，一方面我们要切实保障劳动者的合法权益，但另一方面，在"互联网+"大背景下，国家也要切实理解互联网企业的难处，保护好这种新生的经济形态，有效减少其用工成本，平衡好双方的利益点。国家要在顶层设计上出台相关政策，给予其正确定位，做好宏观把控。

其二，职业安全无法得到保障。网约工一般在户外工作，或开展上门服务，户外工作易造成各种交通安全事故，容易与人产生纠纷；上门服务，在缺乏对客户情况基本了解的情况下，存在各种人身安全风险。此外，由于双方未签订劳动合同，平台为节省成本，一般不为劳动者购买工伤保险，一旦遇到交通安全或人身伤害案，网约工将无法获得工伤赔偿，离职后也享受不到养老待遇和医疗保障。

其三，网约工权益维护面临困境。目前国家在劳动保障方面注重对享有劳动关系的员工进行全方位保护，但对没有劳动关系的劳动者，则没有专门法律予以专门保护。现实中大多数网约工与平台之间为劳务关系，一旦出现劳动纠纷，劳动者往往无法依靠劳动法保障自身权益，而只能依靠民法等，而民法保护范围不广，无法全方位保护就业者的劳动权益。

其四，网约工权益保护意识薄弱。许多网约工的权益保护意识淡漠，认识不到自身所享有的权益，在发生劳动争议时，往往不愿拿起法律武器，而选择私了，或者囿于时间及精力，认为与其与公司扯皮枉费时间精力，还不如多跑几单来得实惠，主动放弃了自己的正当权益。

其五，相关权益保护单位缺位。鉴于网约服务属于新型用工关系，而我国法律对此尚无明确定位，一些仲裁机构往往机械执法，做出对平台有利的裁决。而工会等劳动者保护机构在现实中严重缺位，不愿主动介入各种权益纠纷，导致网约工在面临权益纠纷时缺少后备力量的支持。

综上所述，我国现行的劳动法律法规主要是在传统劳动力市场背景下制定的，确认事实劳动关系的依据是劳动者与劳动力使用者是否具有人身依附性、管理从属性、经济依赖性，从而将就业人员简单地分为劳动法意义上的劳动者和非劳动者。

而"互联网+"经济模式下，从业者与企业、网络平台之间的法律关系更加复杂，是否是劳动关系难以简单确认，这使得大多数网约工的权益保护面临更多挑战。此外，共享经济下，劳动者的管理数字化、网络化、智能化，而劳动监察等行政执法部门疏于对数字化背景下劳动用工关系的系统研究，难以获得相应的数据信息，或选择机械执法，导致监管面临困境。

关于网约工的权益保护问题，第四章将进入深入分析。

第三章
我国劳动者的劳动保障与权益保护

国家的生产建设离不开大量的人力，人力资源是一个国家最重要的资源，鉴于劳资矛盾天然存在，国家必需出台劳动法律，通过强制力量保护本国劳动力，如为劳动力规定最低工资标准，为劳动力提供休养生息的机会，确定相关权益保护机制等。

《中华人民共和国劳动法》是国家为了保护劳动者的合法权益，调整劳动关系，建立和维护适应社会主义市场经济的劳动制度，促进经济发展和社会进步，根据宪法而制定颁布的法律。《中华人民共和国劳动法》(以下简称《劳动法》)于 1994 年 7 月 5 日经第八届全国人民代表大会常务委员会第八次会议通过，于 1995 年 1 月 1 日正式实施，之后随着社会的发展、大量新型企业的产生及新型劳动关系的变更，《劳动法》又经过了 2009 年及 2018 年两次大的修订，目前《劳动法》基本完善。

最新《劳动法》全文包括总则、促进就业、劳动合同和集体合同、工作时间和休息休假、工资、劳动安全卫生、女职工和未成年工特殊保护、职业培训、社会保险和福利、劳动争议、监督检查、法律责任、附则共十三章一百零七条。

当然，此处的《劳动法》是狭义劳动法，广义的劳动法则包括劳动法律、劳动行政法规、劳动行政规章、地方性劳动行政法规和规章，以及具有法律效力的其他规范性文件、劳动司法解释等。

由于劳动合同是劳动关系存在的基础，现实中一些企业为有效规避劳动法，借故不与劳动者签署劳动合同的行为大量存在，严重违反了劳动法，分割了劳动者的合法权利，为此，我国于2007年6月29日经第十届全国人民代表大会常务委员会第二十八次会议通过，正式出台了《中华人民共和国劳动合同法》（以下简称《劳动合同法》），于2008年1月1日起施行，之后经过2018年修订，新的《劳动合同法》进一步保障了劳动者的劳动权利。

《劳动法》与《劳动合同法》，是前法与后法、旧法与新法的关系，按照《立法法》提出的"新法优于旧法"的原则，《劳动法》与《劳动合同法》不一致的地方，以《劳动合同法》为准；《劳动合同法》没有规定而《劳动法》有规定的，则适用《劳动法》的相关规定。

《劳动合同法》突出了以下内容：一是立法宗旨非常明确，就是为了保护劳动者的合法权益，强化劳动关系，构建和发展和谐稳定的劳动关系；二是解决目前比较突出的用人单位与劳动者不订立劳动合同的问题；三是解决合同短期化问题。

除《劳动法》《劳动合同法》外，我国为保障劳动者的合法权益，规范社会保险关系，维护公民参加社会保险和享受社会保险待遇的合法权益，使公民共享发展成果，促进社会和谐稳定，根据宪法规定，还制定了《中华人民共和国社会保险法》，该法第二条明确规定，国家建立基本养老保险、基本医疗保险、工伤保险、失业保险、生育保险等社会保险制度，保障公民在年老、疾病、工伤、失业、生育等情况下依法从国家和社会获得物质帮助的权利。第三条规定，社会保险制度坚持广覆盖、保基本、多层次、可持续的方针，社会保险水平应当与经济社会发展水平相适应。第四条规定，中华人民共和国境内的用人单位和个人依法缴纳社会保险费，有权查询缴费记录、个人权益记录，要求社会保险经办机构提供社会保险咨询等相关服务。个人依法享受社会保险待遇，有权监督本单位为其缴费情况。

此外，为进一步保障劳动者居住条件，我国《住房公积金管理条例》第十五条规定，单位录用职工的，应当自录用之日起 30 日内到住房公积金管理中心办理缴存登记，并持住房公积金管理中心的审核文件，到受委托银行办理职工住房公积金账户的设立或者转移手续。

以上三部法律以及《住房公积金管理条例》，成为保护劳动者权益的重要法律依据。

一、劳动者权益

根据《劳动法》第三条规定，劳动者享有平等就业和选择职业的权利、取得劳动报酬的权利、休息休假的权利、获得劳动安全卫生保护的权利、接受职业技能培训的权利、享受社会保险和福利的权利、提请劳动争议处理的权利以及法律规定的其他劳动权利。

（1）享有平等就业和选择职业的权利。它是指具有劳动能力的公民，有获得职业的权利。劳动是人们生活的第一个基本条件，是创造物质财富和精神财富的源泉。劳动就业权是有劳动能力的公民获得参加社会劳动和切实保证按劳取酬的权利。公民的劳动就业权是公民享有其他各项权利的基础。如果公民的劳动就业权不能实现，其他一切权利也就失去了基础。

（2）有取得劳动报酬的权利。劳动报酬是指劳动者依照劳动法律关系，履行劳动义务，由用人单位根据按劳分配的原则及劳动力价值支付报酬的权利。一般情况下，劳动者一方只要在用人单位的安排下按照约定完成一定的工作量，劳动者就有权要求按劳动取得报酬。用人单位应当按月以货币形式支付给劳动者本人工资，不得无故拖欠或克扣工资。劳动者在法定节假日、婚丧假期间及社会活动期间也应当有权利取得工资。工资分配应当遵循按劳分配原则，实行同工同酬。用人单位支付劳动者的工资不得低于当地最低工资标准。

（3）有休息休假的权利。用人单位应保证劳动者每周至少休息一天，每日工作不应超过 8 小时，平均每周工作不应超过 44 小时。如果用人单位由于生产需要而延长工作时间，应与劳动者协商，每天最长不超过 3 小时，一月加班总时间不得超过 36 个小时。

（4）有获得劳动安全卫生保护的权利。劳动者有权要求单位提供安全的工作环境以及必要的劳动保护用品以保障本人的安全和健康。其中对于 16 周岁到 18 周岁的未成年工、女工以及从事有毒有害、高温辐射、井下作业等特殊工种行业，要有特殊的劳动安全卫生保护，包括防止工伤事故和职业病。

（5）有接受职业技能培训的权利。我国宪法规定，公民有受教育的权利和义务。所谓受教育既包括受普通教育，也包括受职业教育。公民要实现自己的劳动权，必须拥有一定的职业技能，而要获得这些职业技能，越来越依赖于专门的职业培训。因此，劳动者若没有职业培训权利，那么劳动就业权利就成为一句空话。

（6）有享受社会保险和福利的权利。疾病和年老是每一个劳动者都不可避免的，社会保险是劳动力再生产的一种客观需要。我国《劳动法》规定劳动保险包括：养老保险、医疗保险、工伤保险、失业保险、生育保险等。但目前我国的社会保险还存在一些问题，社会保险基金制度不健全，国家负担过重，社会保险的实施范围不广泛，发展不平衡，社会化程度低，影响了劳动力的合理流动。

（7）有提请劳动争议处理的权利。劳动争议是指劳动关系当事人，因执行《劳动法》或履行集体合同和劳动合同的规定引起的争议。劳动关系当事人，作为劳动关系的主体，各自存在着不同的利益，双方不可避免地会产生分歧。劳动者与用人单位发生劳动争议，劳动者可以依法申请调解、仲裁、提起诉讼。劳动争议调解委员会由用人单位、工会和职工代表组成。劳动仲裁委员会由劳动行政部门的代表、同级工会、用人单位代表组成。解决劳动争议应该贯彻合法、公正、及时处理的原则。

（8）法律规定的其他权利。法律规定的劳动者其他权利包括：依法参加和组织工会的权利，依法享有参与民主管理的权利，依法享有参加社会义务劳动的权利，从事科学研究、技术革新、发明创造的权利，依法解除劳动合同的权利，对用人单位管理人员违章指挥、强令冒险作业有拒绝执行的权利，对危害生命安全和身体健康的行为有权提出批评、举报和控告的权利，对违反劳动法的行为进行监督的权利等。

（9）妇女享受平等就业的权利，以及特殊的劳动保护。

二、劳动者应履行的义务

（1）努力完成劳动任务。

（2）遵守劳动纪律，维护用人单位的财产安全。

（3）提高职业技能，执行劳动安全卫生制度。

（4）遵守国家法律法规和城市管理条例。

（5）维护公共秩序，遵守社会公德。

（6）爱护公共财产，维护国家利益。

（7）依法纳税。

三、常见的侵犯劳动者合法权益的现象有哪些

从近些年的劳动争议案件来看，劳动者权益受到侵犯主要集中在以下几个方面：

（1）用人单位克扣或无故拖欠工资。

（2）强行加班加点，却不付给延长工作时间的工资报酬。

（3）用人单位没有为劳动者配备必要的劳动防护用具和劳动保护设施。

（4）女工和未成年工得不到特殊劳动保护。

（5）劳动者患职业病，因工受伤、致残甚至死亡后，用人单位逃避责任。

（6）用人单位的内部规章制度与国家法律法规相冲突。

（7）用人单位收取抵押金，扣押劳动者的有效证件。

（8）随意辞退或开除劳动者等。

针对劳动权益受侵害情况，劳动者该如何避免这种行为的发生呢？

首先，要有法律意识，学会用法律来协调人与人之间的关系。劳动者尤其应该了解一些与务工密切相关的法律知识，如《劳动法》《劳动合同法》等，这样才能清楚地了解劳动者应享有的权利和应承担的义务，用人单位侵犯务工者合法权益后应承担的法律责任，如何处理劳动争议等。

避免自己合法权益受到侵犯的另一个重要措施就是签订劳动合同。务工者应当按照劳动合同的必备条款与用人单位进行仔细协商，避免可能侵犯自己正当利益的条款，并兼顾双方利益。合同签订后要妥善保存，防止损坏和丢失。当自己的合法权益受到侵犯时，千万不能意气用事，也不要忍气吞声，要积极与用人单位协商解决问题，协商不

成再通过仲裁或者法律手段来保护自己的正当权益。

四、劳动合同的签订

劳动合同是劳动者与用人单位之间为确定劳动关系，依法协商达成双方权利和义务的协议。它是建立劳动关系的基本形式，是促进劳动力资源合理配置的重要手段，有利于避免或减少劳动争议。

签订劳动合同是国家法律的强制要求，是明确劳动关系的基本前提，没有劳动合同的劳动关系是脆弱的，是经不起风浪考验的，一旦发生劳动纠纷，非常不利于问题的解决。网约工也是劳动者，应该享有与城镇劳动者相等的权益，可是实践中，网络平台真正与他们签订劳动合同的情况并不多见，这就使网约工在与用人单位发生劳动争议时，因缺乏有利证据，自身的合法权益往往无法得到保障。

(一)什么是劳动合同

劳动合同应当以书面形式订立，由用人单位和劳动者各执一份。

1. 劳动合同内容

《劳动合同法》第十条规定，建立劳动关系，应当订立书面劳动合同。已建立劳动关系，未同时订立书面劳动合同的，应当自用工之日起一个月内订立书面劳动合同。在劳动纠纷发生后，劳动者无论是通过行政救济还是司法救济手段去维护权益，劳动合同都是证明双方存在劳动关系的最重要证据，因此劳动者要积极主动地与用人单位签订劳动合同，同时也提醒用人单位一定要在法定期限内与劳动者签订劳动合同，否则将要受到法律的惩罚。

根据《劳动合同法》第十七条规定，劳动合同应包括以下内容：

(1)用人单位的名称、住所和法定代表人或者主要负责人；

（2）劳动者的姓名、住址和居民身份证或者其他有效身份证件号码；

（3）劳动合同期限；

（4）工作内容和工作地点；

（5）工作时间和休息休假；

（6）劳动报酬；

（7）社会保险；

（8）劳动保护、劳动条件和职业危害防护；

（9）法律、法规规定应当纳入劳动合同的其他事项。

劳动者在签订劳动合同时应注意以下几个方面：

（1）不入"黑工厂"；

（2）不用假身份证，入职时如使用假身份证，入职后要及时修改；

（3）不签订空白劳动合同；

（4）明确劳动岗位、报酬标准；

（5）空白处要划去；

（6）任何涉及要签名的文件均需要详细阅读，没看到、不清楚或不理解的内容要谨慎对待；

（7）劳动者签署过的合同应自己保留一份，针对现实中用人单位只与劳动者签订一份劳动合同且由单位保存的情况，劳动者应当采取复印、扫描、拍照等方式，自己复制一份合同。

2. 劳动合同种类

按期限来分，劳动合同可分为固定期限劳动合同、无固定期限劳动合同和以完成一定工作任务为期限的劳动合同三种。

固定期限劳动合同，是指用人单位与劳动者约定合同终止时间的劳动合同。

无固定期限劳动合同，是指用人单位与劳动者约定无确定终止时间的劳动合同。

以完成一定工作任务为期限的劳动合同，是指用人单位与劳动者约定以某项工作的完成为合同期限的劳动合同。用人单位与劳动者协商一致，可以订立以完成一定工作任务为期限的劳动合同。

《劳动合同法》第二十六条规定，下列劳动合同无效或部分无效：

（1）以欺诈、胁迫手段或乘人之危，使对方在违背真实意思的情况下订立或变更劳动合同的；

（2）用人单位免除自己的法定责任、排除劳动者权利的；

（3）违反法律、行政法规强制性规定的。

劳动合同中如有"工伤自负""工作期间不得结婚""未经批准不得辞职"等条款，都为无效条款。发生纠纷时用人单位仍应按法律规定负相关责任。

3. 劳动合同的解除

《劳动合同法实施条例》第十八条规定，有下列情形之一的，依照《劳动合同法》规定的条件、程序，劳动者可以与用人单位解除劳动合同：

（1）劳动者与用人单位协商一致的；

（2）劳动者提前 30 日以书面形式通知用人单位的；

（3）劳动者在试用期内提前 3 日通知用人单位的；

（4）用人单位未按照劳动合同约定提供劳动保护或劳动条件的；

（5）用人单位未及时足额支付劳动报酬的；

（6）用人单位未依法为劳动者缴纳社会保险费的；

（7）用人单位的规章制度违反法律、法规的规定，损害劳动者利益的；

（8）用人单位以欺诈、胁迫的手段或乘人之危，使劳动者在违背真实意思的情况下订立或变更劳动合同的；

(9)用人单位在劳动合同中免除自己的法定责任、排除劳动者权利的；

(10)用人单位违反法律、行政法规强制性规定的；

(11)用人单位以暴力、威胁或非法限制人身自由的手段强迫劳动者劳动的；

(12)用人单位违章指挥、强令冒险作业危及劳动者人身安全的；

(13)法律、行政法规规定劳动者可以解除劳动合同的其他情形。

4. 经济补偿金的支付

根据《劳动合同法》第四十六条的规定，有下列情形之一的，用人单位应当向劳动者支付经济补偿金：

(1)劳动者因用人单位未提供劳动保护条件、未足额支付工资、未依法缴纳社保等违法行为解除劳动合同的；

(2)用人单位向劳动者提出解除劳动合同并与劳动者协商一致；

(3)劳动者患病或非因工负伤，在规定的医疗期满后不能从事原工作，也不能从事由用人单位另行安排的工作的，用人单位提前三十日以书面形式通知劳动者本人协商解除劳动合同或额外支付一个月工资后；

(4)劳动者不能胜任工作，经过培训或调整工作岗位，仍不能胜任工作的，单位提前三十日以书面形式通知劳动者本人协商解除劳动合同或额外支付一个月工资后；

(5)劳动合同订立时所依据的客观情况发生重大变化，致使劳动合同无法履行，经用人单位与劳动者协商，未能就变更劳动合同内容达成协议的，单位提前三十日以书面形式通知劳动者本人协商解除劳动合同或额外支付一个月工资后；

(6)用人单位依照企业破产法规定进行重整，需要裁减人员的；

(7)除用人单位维持或提高劳动合同约定条件续订劳动合同，劳动者不同意续订的外，因劳动合同期满终止固定期限劳动合同的；

(8)用人单位被吊销营业执照、责令关闭、撤销或者用人单位决定提前解散，以及用人单位被依法宣告破产而不能和劳动者继续履行劳动合同的；

(9)法律、行政法规规定的其他情形。

用人单位未能提前 30 日以书面形式通知劳动者解除劳动合同的，应当支付该劳动者 1 个月工资作为补偿，此又称代通知金。如果用人单位违反法律规定解除或者终止劳动合同，劳动者可要求用人单位以经济补偿标准的两倍支付赔偿金。

5. 经济补偿金的支付标准

根据《劳动合同法》第四十七条及《劳动合同法实施条例》第二十七条的规定，用人单位解除劳动合同给予劳动者的经济补偿的工资计算标准是企业在正常生产情况下，劳动者解除合同前 12 个月的月平均工资。经济补偿金按劳动者在本单位工作的年限，每满一年支付一个月工资的标准向劳动者支付；6 个月以上不满一年的，按一年计算；不满 6 个月的，向劳动者支付半个月工资的经济补偿。补偿金应当一次性发给劳动者。

6. 终止和解除劳动合同应履行什么手续

(1)用人单位应当在解除或者终止劳动合同时出具解除或者终止劳动合同的证明，于十五日内为劳动者办理档案和社会保险关系转移手续，并依照法律规定向劳动者支付经济补偿金。

(2)劳动者应当按照双方约定，遵循诚实信用的原则办理工作交接。劳动者对于在用人单位工作期间获知的用人单位的商业秘密，应在劳动合同终止后一定时期内继续保密。如果劳动者与用人单位签订了竞业限制条款，应当遵守约定。

7. 如何应对用人单位的无理解雇

（1）面临企业解雇，最好取得书面证据，如解雇通知等。

（2）企业以员工存在工作过错为由提出解雇的，不要轻易签收该处罚或解雇通知，如果签收，应当在该通知单上注明该通知内容不是事实，或不同意字样，并设法保留该解雇通知。

（3）如不让员工继续工作的，应当通过拍照、录音、摄像等方式保留相关证据。

（4）一旦面临无理解雇，应当保留好相关证据，并立即向劳动部门投诉。

（5）对于在用人单位工作的厂牌、合同、工资条、考勤记录等一定要妥善保存。

（6）在办理离职手续或交接手续时，要写明是被用人单位单方解雇，不能将离职原因写为辞职、离职，也不能不填写。

8. 在劳动合同中应怎样约定违约金

《劳动合同法》第二十二条、二十三条和二十五条规定，员工要求解除或终止劳动合同，仅两种情况要交违约金：一是在公司支付培训费用并约定了服务期限后，员工在约定的服务期内主动离职，此时应当赔偿违约金；二是在违反竞业限制责任时，员工应该承担违约责任。

（二）签订劳动合同的重要意义

劳动者与用人单位签订劳动合同，具有相当重要的意义。

首先，它为劳动者实现劳动权提供了保障。劳动权是法律赋予劳动者的最基本的权利，它是劳动者一切具体劳动权利的基础。劳动者没有工作，就不可能享受劳动报酬权，不可能享受休息休假权，也不可能获得劳动安全卫生保护，劳动权不能实现，甚至会危及劳动者的生存。因此劳动权是公民生存权利的基础，网约工作为新就业形态的劳动者当然也享有与其他劳动者相同的劳动权。

其次，劳动合同是劳动者维护自身合法权益的有力武器。在劳动合同中，劳动者与用人单位可以对有关事项进行详细而完备的约定，对于劳动条件、劳动报酬、社会保险、福利待遇等方面，在不低于国家法律规定的最低标准的情况下，尽可能做出有利于劳动者的约定，还可以约定违反劳动合同的责任。一旦用人单位违反劳动合同，劳动者就可以依据劳动法的规定、劳动合同的约定，请求司法救济或行政救济。

再次，订立书面劳动合同有利于维护用人单位的合法权益。在市场经济环境下，劳动力作为商品进入劳动力市场，用人单位与劳动者经过双向选择，签订劳动合同。用人单位通过劳动合同的方式把自己所需要的劳动者吸纳到本单位，在合同约定的期限内劳动者必须为用人单位进行劳动。在这个过程中，用人单位为吸引优秀劳动者，通过提高报酬、待遇，甚至投资培训劳动者来"笼络"一流人才，因此，用人单位有必要，同时也有权利在劳动合同中约定由于对方违反法律规定或合同约定给自己造成损失时，劳动者一方应承担的责任，从而保护用人单位的合法权益。这些具体内容需要用人单位与劳动者在书面劳动合同中详细约定。劳动合同不仅是劳动者保护自身合法权益的有力武器，同时也是保护用人单位经济利益的法宝。劳动合同使用人单位与劳动者能双赢，劳动者可以人尽其才，用人单位则可以物尽其用。劳动合同使劳动力与生产资料更紧密地结合在一起，使劳动生产率得以提高，在总体上促进了整个社会的进步。

最后，订立书面劳动合同可以减少或预防劳动争议的发生。劳动者与用人单位签订劳动合同后，双方的权利义务明确，用人单位和劳动者都必须尽量履行义务，防止因违约而导致责任的发生，从而减少劳动争议的发生。即便发生纠纷，由于合同约定的权利义务明确，相关部门能够迅速地判断劳动争议的责任主体、责任构成，其争议也容易得到解决，从而降低解决劳动争议的成本。劳动合同等于是保护劳动关系双方合法权益的法律文书。

(三) 签订劳动合同的必要性

对劳动者而言，签订劳动合同是维护自身权益的重要手段。如果用人单位没有与自己签订劳动合同，自己一定要主动提出签订书面劳动合同；如果用人单位执意不肯签，则可以向当地劳动保障部门反映情况，由劳动保障部门督促其签订。我国《劳动合同法》第八十二条规定，用人单位自用工之日起超过一个月不满一年未与劳动者订立书面劳动合同的，应当向劳动者每月支付两倍的工资。《劳动合同法》第十四条规定，超过一年未签订书面劳动合同的，一年期满后视为用人单位与员工已经订立无固定期限劳动合同。

用人单位使用劳动者，应当依法与劳动者签订书面劳动合同，并向劳动保障部门进行用工备案。签订劳动合同应当遵循平等自愿、协商一致的原则，用人单位不得采取欺骗、威胁等手段与劳动者签订劳动合同，不得在签订劳动合同时收取抵押金、风险金。劳动合同必须由具备用工主体资格的用人单位与劳动者本人直接签订，不得由他人代签。

用人单位与劳动者签订劳动合同，应当包括以下条款：

(1) 劳动合同期限。经双方协商一致，劳动合同期限可以采取有固定期限、无固定期限或以完成一定的工作任务为期限三种形式。无固定期限劳动合同要明确劳动合同的终止条件。有固定期限的劳动合同，应当明确起始和终止时间。双方在劳动合同中可以约定试用期。劳动合同期限半年以内的，一般不约定试用期；劳动合同期限半年以上1年以内的，试用期不得超过30日；劳动合同期限1年至2年的，试用期不得超过 60 日；劳动合同期限 2 年以上的，试用期最多不得超过 6 个月。

（2）工作内容和工作时间。劳动合同中要明确劳动者的工种、岗位和所从事工作的内容。工作时间要按照国家规定执行，法定节日应安排劳动者休息。如需安排劳动者加班或延长工作时间的，必须按规定支付加班工资。

（3）劳动保护和劳动条件。用人单位要按照安全生产有关规定，为劳动者提供必要的劳动安全保护及劳动条件。在劳动者上岗前要对其进行安全生产教育。施工现场必须按国家建筑施工安全生产的规定，采取必要的安全措施。用人单位为劳动者提供的宿舍、食堂、饮用水、洗浴、公厕等基本生活条件应达到安全、卫生要求。

（4）劳动报酬。在劳动合同中要明确工资以货币形式按月支付，并约定支付的时间、标准和支付方式。用人单位根据行业特点，经过民主程序确定具体工资支付办法的，应在劳动合同中予以明确，但按月支付的工资不得低于当地政府规定的最低工资标准。已建立集体合同制度的单位，工资标准不得低于集体合同规定的工资标准。

（5）劳动纪律。在劳动合同中明确要求劳动者应遵守用人单位有关规章制度的，应当依法制定。用人单位应当在签订劳动合同前告知劳动者。

（6）违反劳动合同的责任。劳动合同中应当约定违约责任，一方违反劳动合同给对方造成经济损失的，要按劳动法等有关法律规定承担赔偿责任。

根据不同岗位的特点，用人单位与劳动者协商一致，还可以在劳动合同中约定其他条款。

签订劳动合同前，劳动者要仔细阅读关于相关岗位的工作说明书、劳动纪律、工资支付规定、劳动合同管理细则等规章制度，因为这些内容涉及劳动者多方面的权益，当这些内容作为劳动合同附件时，其与劳动合同具有同等的法律约束力。

劳动合同至少一式两份，双方各执一份，劳动者应妥善保管。如果用人单位事先起草了劳动合同文本，劳动者在签字时一定要慎重，对文本仔细推敲，发现条款表述不清、概念模糊的，应及时要求用人单位进行说明修订。为稳妥起见，劳动者在签订劳动合同前，也可以向有关部门或公共职业介绍机构进行咨询，确认合同相关内容的合法性、公平性。需要特别注意的是，当劳动合同涉及数字时，应当使用大写汉字数字。

劳动者在签订劳动合同时，一定不要签订以下五种合同：

(1) 口头合同。有的企业不以书面形式与劳动者订立合同，只是口头约定工资、工时等，一旦发生纠纷，双方各执一词，由于缺乏书面文字证据，劳动者往往有口难辩。

(2) 生死合同。一些危险性行业企业不按劳动法的有关规定履行安全卫生义务，在签订合同时要求与劳动者约定"发生工伤概不负责"等条款来逃避责任。对这种情况，劳动者可以要求用人单位取消这些条款；如果协商不成，一旦发生事故，劳动者可以申请劳动仲裁委员会或人民法院确认这些条款无效。

(3) "两张皮"合同。有的用人单位害怕劳动保障主管部门的监督，往往与应聘者签订两份合同，一份用来应付检查，另一份合同才是真正履行的合同，而这份合同往往是有利于用人单位的不平等合同。

(4) 押金合同。一些用人单位利用劳动者求职心切的心理，在签订合同时收取押金、保证金等名目众多的费用，劳动者稍有违反公司管理的行为，用人单位即"合法"扣留这部分押金。这类合同是法律明文禁止的，劳动者可以拒绝；实在无法拒绝，也一定要保留好收据，以备将来维护自己的权利时作为证据使用。

（5）卖身合同。一些用人单位与劳动者在合同中约定"一切行动听从用人单位安排"，一旦签订，劳动者就如同卖身一样完全失去行动自由，在工作中被迫加班加点、强迫劳动，甚至遭受任意侮辱、体罚和拘禁。遇到这种情况时，劳动者不能忍气吞声，要及时向劳动保障监察部门或公安机关投诉举报，维护自己的合法权益。

总之，劳动者的劳动合同与其就业权和生存权等基本权利密切相关，因此从签订劳动合同入手，是改善劳动者劳动保障条件的关键突破口。提高劳动者合同的签订率，政府责无旁贷。首先，应完善相应立法，通过立法严格市场准入管理，规范企业用工，禁止非法用工行为。其次，政府应加强行政监管职能，各地劳动保障部门要指导和督促各类企业与劳动者依法签订劳动合同。针对网约服务特殊的用工模式和劳动者临时性、流动性的就业特点，国家应提早建立与之相适应的劳动合同管理制度。特别是对劳动报酬条款，必须明确工资支付标准、支付形式和支付时间等内容。最后，要提高劳动者的法律意识，加大对劳动者的教育、宣传和权益维护力度，针对网约工组织化程度不高的现状，应开展在网约工中组建工会的工作，让工会成为网约工维权的一支重要依靠力量。

五、劳动者工资支付及维权

（一）工资的组成部分

工资是指用人单位依据国家有关规定和劳动关系双方的约定，以货币形式支付给员工的劳动报酬。

工资一般包括计时工资、计件工资、奖金、津贴和补贴、延长工作时间的工资报酬以及特殊情况下支付的工资。但用人单位支付给劳动者个人的社会保险福利费用、丧葬抚恤救济金、生活困难补助费、计划生育补贴、劳动保护方面的费用等不属于工资范围。

工资支付周期可以按月、周、日、小时确定，最长不能超过一个月。实行计件工资制或者以完成一定任务计发工资的，工资支付周期可以按计件或者完成工作任务情况约定，但支付周期超过一个月的，用人单位应当按照约定每月支付工资。实行年薪制或者按考核周期支付工资的，用人单位应当按照约定每月支付工资，年终或者考核周期届满时应当结算并付清工资。

劳动者在签收工资条时应注意以下几个方面：

(1)一定要仔细核对工资条，对于不正确的项目要及时指出来；

(2)不签收假工资条；

(3)工资条应妥善保存。

(二)除工资外，劳动者依法享有哪些劳动福利

除工资外，依照规定，劳动者还依法享有以下劳动福利：年休假、探亲假、婚假、丧假、产假、看护假、节育手术假等假期，且用人单位应当视为提供正常劳动并支付工资。

《工资支付暂行规定》第五条规定，工资应当以货币形式支付，不得以实物及有价证券替代货币支付。

(三)劳动合同中应当约定哪些工资支付内容

用人单位与劳动者签订的劳动合同，应当根据国家有关规定和本单位的工资支付制度，明确约定劳动者所在岗位相对应的工资支付内容，包括：

(1)工资支付标准：应约定具体金额。

(2)支付项目：约定采取计时工资、计件工资等形式。

（3）支付时间：应明确具体在哪一天。

（4）双方约定的其他工资事项。

（四）用人单位应该按时足额支付工资

《劳动法》中的"工资"是指用人单位依据国家有关规定或劳动合同的约定，以货币形式直接支付给本单位劳动者的劳动报酬，一般包括计时工资、计件工资、奖金、津贴和补贴、延长工作时间的工资报酬以及特殊情况下支付的工资等。

《劳动法》及《工资支付暂行规定》对用人单位支付工资的行为做出了具体规定：（1）工资应当以法定货币（即人民币）形式支付，不得以实物及有价证券替代货币支付。（2）用人单位应将工资支付给劳动者本人；本人因故不能领取工资时，可由其亲属或委托他人代领。（3）用人单位可直接支付工资，也可委托银行代发工资。（4）工资必须在用人单位与劳动者约定的日期前支付。如遇节假日或休息日，应提前在最近的工作日支付。工资至少每月支付一次，实行周、日、小时工资制的可按周、日、小时支付工资。对完成一次性临时劳动或某项具体工作的劳动者，用人单位应按有关协议或合同规定在其完成劳动任务后即支付工资。劳动关系双方依法解除或终止劳动合同时，用人单位应在解除或终止劳动合同时一次性付清劳动者工资。（5）用人单位必须书面记录支付劳动者工资的数额、时间、领取者的姓名以及签字，并保存两年以上备查。

（五）用人单位不得无故拖欠劳动者工资

《劳动法》以及《违反〈中华人民共和国劳动法〉行政处罚办法》等规定，用人单位未及时足额支付劳动报酬、加班费或逾期不支付的，由劳动保障行政部门责令用人单位按应付金额50%以上100%以下的标准向劳动者加付赔偿金。

"无故拖欠工资"是指用人单位无正当理由超过规定付薪时间未支付劳动者工资。但是，以下几种情况不属于"无故拖欠"工资：（1）用人单位遇到非人力所能抗拒的自然灾害、战争等原因，无法按时支付工资；（2）用人单位因生产经营困难、资金周转受到影响，在征得本单位工会同意后，可暂时延期支付劳动者工资，延期时间的最长限制可由省、自治区、直辖市劳动行政部门根据各地情况确定。

（六）工资支付不得低于当地最低工资标准

最低工资标准，是指劳动者在法定工作时间或依法签订的劳动合同约定的工作时间内提供了正常劳动的前提下，用人单位依法应支付的最低劳动报酬。不包括加班费和其他福利、津贴。

最低工资标准一般采取月最低工资标准和小时最低工资标准两种形式，月最低工资标准适用于全日制就业劳动者，小时最低工资标准适用于非全日制就业劳动者。根据《劳动法》《最低工资规定》等规定，在劳动者提供正常劳动的情况下，用人单位应支付给劳动者的工资在剔除下列各项以后，不得低于当地最低工资标准：（1）延长工作时间工资；（2）中班、夜班、高温、低温、井下、有毒有害等特殊工作环境、条件下的津贴；（3）法律、法规和国家规定的劳动者福利待遇等。

实行计件工资或提成工资等工资形式的用人单位，在科学合理的劳动定额基础上，其支付劳动者的工资不得低于相应的最低工资标准。

正常劳动，是指劳动者按依法签订的劳动合同约定，在法定工作时间或劳动合同约定的工作时间内从事的劳动。劳动者依法享受带薪年休假、探亲假、婚丧假、生育(产)假、节育手术假等国家规定的假期内，以及法定工作时间内依法参加社会活动期间，视为提供了正常劳动。

用人单位违反以上规定低于当地最低工资标准的，由劳动保障行政部门责令限期支付差额部分；逾期不支付的，责令用人单位按应付金额50%以上100%以下的标准向劳动者加付赔偿金。

（七）用人单位安排劳动者加班加点时应依法支付加班加点工资

《劳动法》以及《违反〈中华人民共和国劳动法〉行政处罚办法》等规定，用人单位安排劳动者加班加点应依法支付加班加点工资。用人单位拒不支付加班加点工资的，由劳动保障行政部门责令限期支付加班费，逾期不支付的，责令用人单位按应付金额50%以上100%以下的标准向劳动者加付赔偿金。

支付加班加点工资的标准是：（1）安排劳动者延长工作时间的（即正常工作日加班），支付不低于劳动合同规定的劳动者本人小时工资标准的150%的工资报酬；（2）休息日（即星期六、星期日或其他休息日）安排劳动者工作又不能安排补休的，支付不低于劳动合同规定的劳动者本人日工资标准的200%的工资报酬；（3）法定休假日（即元旦、春节、国际劳动节、国庆节以及其他法定节假日）安排劳动者工作的，支付不低于劳动合同规定的劳动者本人日工资标准的300%的工资报酬。

劳动者日工资可统一按劳动者本人的月工资标准除以每月工作天数进行折算。职工全年月平均工作天数和工作时间分别为20.92天和167.4小时，职工的日工资和小时工资按此进行折算。

六、劳动者社会权益保障及维权

完善劳动者权益保障法律机制，切实保障其合法权利，不但是推动城乡协调发展、构建和谐社会的一项重要内容，也是一个很值得思考的理论问题和现实问题。

在进城务工的劳动者中，有很大一部分分布在网约服务行业。他们的实际工作、生活、待遇状况有很多不尽如人意的地方。针对网约工的特点，国家应采取切实有效的措施，保障他们的合法权益，尤其是工资收益及人身权益。

（一）劳动者享有哪些社会保险

社会保险是国家通过立法，由公民、用人单位和国家三方共同筹资，在公民遭遇年老、疾病、工伤、生育、失业等情况下，能够从社会获得经济帮助，防止收入的中断、减少和丧失给公民带来生活上的困难，达到保障公民基本生活需求的社会保障制度。

《中华人民共和国社会保险法》规定，社会保险具体包括养老保险、基本医疗保险、生育保险、失业保险、工伤保险。基本养老保险费、基本医疗保险费、失业保险费由用人单位和职工按照国家规定共同缴纳；工伤保险费、生育保险费由用人单位缴纳，职工无须缴纳。

该法第五十八条规定，用人单位应当自用工之日起 30 日内为其职工向社会保险经办机构申请办理社会保险登记。即使在试用期间也要为劳动者购买社会保险。劳动者可通过以下方式查询单位是否给自己购买了社会保险：拨打电话 12333 查询；通过社保管理机构的相关网站查询；到社保管理机构服务大厅现场查询。

劳动合同中有关不缴纳社会保险费的约定，是违反《中华人民共和国劳动法》和国务院有关行政法规的约定，属于无效约定。劳动者即使签订了此类条款，仍然有权要求用人单位办理社保。对于用人单位不为员工购买社会保险者，劳动者可依法进行投诉：可以向劳动监察部门投诉，或者向劳动仲裁部门申请劳动仲裁，并有权解除劳动关系及要求支付经济补偿金。

（二）基本养老保险

基本养老保险是劳动者在年老退出劳动岗位以后，由政府提供物质帮助，保障其基本生活需要的一项社会福利制度。基本养老保险费缴费比例一般为员工缴费工资的20%，其中员工按本人缴费工资的8%缴纳，用人单位按员工个人缴费工资的12%缴纳。近些年，一些地方提高了单位缴费比例。

养老保险一般具有以下几个特点：（1）由国家立法，强制实行，企业单位和个人都必须参加，符合养老条件的人，可向社会保险部门领取养老金。（2）养老保险费用，一般由国家、单位和个人三方共同负担，并实现广泛的社会互济。（3）养老保险具有社会性，影响很大，享受人员多且时间较长，费用支出庞大。

个人达到退休年龄且累计缴费满15年的，均可以享受基本养老保险待遇，按月领取养老金。《中华人民共和国社会保险法》第十六条规定，参加基本养老保险的个人，达到法定退休年龄时累计缴费不足十五年的，可以缴费至满十五年，按月领取基本养老金，也可以转入新型农村社会养老保险或城镇居民社会养老保险，按照国务院规定享受相应的养老保险待遇。自2010年1月1日起，养老保险关系可以全国自由转移接续。未达到退休领取年龄前，不得终止基本养老保险关系，即不能办理退保手续。

领取养老金必须达到国家规定的退休年龄或者退职条件，国家法定的企业职工退休年龄是：男年满60周岁，女工人年满50周岁，女干部年满55周岁。目前我国人均寿命大幅延长，国家正在考虑出台相关延迟退休的政策。

《中华人民共和国社会保险法》第十五条规定，基本养老金由统筹养老金和个人账户养老金组成。退休时的统筹养老金（又称基础养老金)月标准为所在市上年度职工月平均工资的 20%，个人账户养老金月标准为本人账户储存额(含利息)除以 120。当然，国家会根据社会发展现状，对此进行适当调整。

国家颁布的《关于贯彻两个条例扩大社会保险覆盖范围加强基金征缴工作的通知》规定，城镇各类用人单位及其职工，都要依法参加社会保险，履行缴纳社会保险费的义务，享受相应的社会保险待遇。按此规定，劳动者(如网约工)可以参加城镇企业职工基本养老保险。在城市参加企业职工基本养老保险的劳动者在所在城市累计缴费满 15 年及以上的，到达退休规定年龄时可以与所在城市城镇职工一样按月领取养老金。养老金由社会保险经办机构根据劳动者居住地情况通过银行发放或邮局寄发。

(三)失业保险

失业保险是对劳动年龄内，有就业能力并有就业愿望的劳动者非因本人意愿而中断就业，无法获得维持生活所必需的工资收入，在一定期间内由国家和社会为其提供基本生活保障和再就业服务的社会保险制度。失业保险由用人单位和职工按照国家规定共同缴纳。

《中华人民共和国社会保险法》第四十五条规定，领取失业保险金必须同时满足以下条件：

(1)失业前用人单位和本人已经缴纳失业保险费满一年的；

(2)非因本人意愿中断就业的；

(3)已经进行失业登记，并有求职要求的。

申领失业保险金的步骤为：

《失业保险条例》第十六条规定，城镇企业事业单位职工失业后，应当持本单位为其出具的终止或者解除劳动关系的证明，及时到指定的社会保险经办机构办理失业登记。

具体步骤为：

(1)要求用人单位出具终止或者解除劳动关系的证明；

(2)持本人身份证明、失业证明等材料，及时到失业保险关系所在地的负责失业登记的经办机构办理失业登记手续；

(3)提出申领失业保险金申请，并接受失业保险经办机构的审核；

(4)社会保险经办机构为失业人员开具领取失业保险金的单证，失业人员凭单证到指定银行领取失业保险金。

领取失业金的待遇为：

(1)失业人员失业前所在单位和本人按照规定累计缴费时间满1年不足5年的，领取失业保险金的期限最长为12个月；

(2)累计缴费时间满5年不足10年的，领取失业保险金的期限最长为18个月；

(3)累计缴费时间10年以上的，领取失业保险金的期限最长为24个月。

(四)基本医疗保险

基本医疗保险是为补偿劳动者因疾病风险造成的经济损失而建立的一项社会保险制度。通过政府、用人单位和个人等多方面筹资，建立医疗保险基金，这样当参保人员患病就诊发生医疗费用后，可由医疗保险经办机构给予一定的经济补偿，以避免或减轻劳动者因患病、治疗等所带来的经济风险。

根据《国务院关于解决劳动者问题的若干意见》的规定，各地按照"低费率、保大病、保当期"的原则，将劳动者纳入医疗保险范围。劳动者比较集中的地区，可以采取单独建立大病医疗保险统筹基金的办法，重点解决劳动者进城务工期间的住院医疗保障问题。有条件的地区，可直接将稳定就业的劳动者纳入基本医疗保险。以灵活方式就业的劳动者，可按照当地灵活就业人员参保办法参加医疗保险。

在用人单位中建立了劳动关系的劳动者与企业其他职工一样，享受社会医疗保险权利，也承担医疗保险缴费义务。城镇职工基本医疗保险费由用人单位和职工共同缴纳。基本医疗保险基金由统筹基金和个人账户构成，统筹基金主要保障住院及门诊大病医疗费用，个人账户主要支付门诊及个人自费费用。基本医疗保险个人账户是医疗保险经办机构为参保人设立的医疗账户，用于记录、存储个人账户记入资金，并按规定用于医疗消费。个人账户资金归参保人个人使用，超支不补，结余滚存，除国家和省另有政策规定外，个人账户不得提取现金。

个人账户包括：

（1）职工个人缴纳的基本医疗保险费，全部计入个人账户；

（2）用人单位缴费的30%左右划入个人账户；

（3）以上2项纳入个人账户的资金所产生的利息；

（4）依法纳入个人账户的其他资金。

个人账户资金支出范围包括：

（1）门诊、急诊的基本医疗费用；

（2）到定点零售药店购药的费用；

（3）住院、门诊特定项目基本医疗费用中，统筹基金起付标准以下的费用；

（4）超过起付标准以上应由个人负担的费用。

参保人员就医，可按以下方式享受医疗保险待遇：

（1）参保人员要在基本医疗保险定点医疗机构就医、购药，也可持处方到定点零售药店外购药品。在非定点医疗机构就医和非定点药店购药发生的医疗费用，除符合急诊、转诊等规定条件外，基本医疗保险基金不予支付。

（2）所发生的医疗费用必须符合基本医疗保险药品目录、诊疗项目、医疗服务设施标准的范围和给付标准，如此才能由基本医疗保险基金按规定予以支付。超出部分，基本医疗保险基金不予支付。

（3）对符合基本医疗保险基金支付范围的医疗费用，要区分是属于统筹基金支付范围还是属于个人账户支付范围。属于统筹基金支付范围的医疗费用，超过起付标准以上的由统筹基金按比例支付，最高支付到"封顶线"为止。

（五）工伤保险

工伤，又称职业伤害、工作伤害，包括因工作遭受事故伤害和患职业病两种情况。工伤保险，又称职业伤害保险，是通过社会统筹的办法，集中用人单位缴纳的工伤保险费，建立工伤保险基金，对劳动者在生产经营活动中遭受意外伤害或患职业病，并由此造成死亡、暂时或永久丧失劳动能力时，给予劳动者及其家属法定的医疗救治以及必要的经济补偿的一种社会保险制度。这种补偿既包括医疗、康复所需要的费用，也包括保障基本生活的费用。工伤保险全部由用人单位缴纳，劳动者不用承担。

国务院颁布实施的《工伤保险条例》规定，中华人民共和国境内的各类企业、有雇工的个体工商户（用人单位）应当依照《工伤保险条例》规定参加工伤保险，为本单位全部职工或者雇工缴纳工伤保险费。网约工作为劳动者，同样有依照《工伤保险条例》的规定享受工伤保险待遇的权利。凡是与用人单位建立劳动关系的劳动者（包括已签订劳动合同，或虽未签订劳动合同，但与用人单位存在事实劳动关系的），用人单位都应当为其及时办理工伤保险参保手续并缴纳工伤保险费。

根据《工伤保险条例》的有关规定，用人单位注册地与生产经营地不在同一统筹地区的，原则上在注册地参加工伤保险。未在注册地参加工伤保险的，在生产经营地参加工伤保险。劳动者受到事故伤害或患职业病后，应在参保地进行工伤认定、劳动能力鉴定，并按参保地的规定依法享受工伤保险待遇。用人单位在注册地和生产经营地均未参加工伤保险的，劳动者受到事故伤害或患职业病后，在生产经营地进行工伤认定、劳动能力鉴定，并按生产经营地的规定依法由用人单位支付工伤保险待遇。

《工伤保险条例》第十四条规定下列情形属于工伤：

（1）在工作时间和工作场所内，因工作原因受到事故伤害的；

（2）工作时间前后在工作场所内，从事与工作有关的预备性或者收尾性工作受到事故伤害的；

（3）在工作时间和工作场所内，因履行工作职责受到暴力等意外伤害的；

（4）患职业病的；

（5）因工外出期间，由于工作原因受到伤害或者发生事故下落不明的；

（6）在上下班途中，受到非本人主要责任的交通事故或者城市轨道交通、客运轮渡、火车事故伤害的；

（7）法律、行政法规规定应当认定为工伤的其他情形。

发生工伤事故后，用人单位应当在一个月内向当地劳动部门申请工伤认定。如果一个月内用人单位未向当地劳动部门申请工伤认定，那么，工伤者本人及其直系亲属、工会组织可以在一年内直接向当地劳动部门申请工伤认定。

劳动者在因工伤暂停工作接受工伤医疗的停工留薪期内，可以享受工伤医疗待遇。原工资福利待遇不变，由所在单位按月支付。

劳动者因工伤残经劳动部门鉴定为1~10级伤残的，可享受一次性伤残补助金。除此之外，被鉴定为1~4级伤残的劳动者，保留劳动关系，退出工作岗位，按月享受伤残津贴；经鉴定确认需要生活护理的，还可按月享受生活护理费(1~4级伤残劳动者也可选择一次性享受工伤保险长期待遇)。被鉴定为5~6级伤残的劳动者，保留劳动关系，由用人单位安排适当工作，难以安排的，由用人单位按月发放伤残津贴。

经劳动能力鉴定为5~10级伤残的劳动者，与用人单位解除或终止劳动关系时，由用人单位支付一次性工伤医疗补助金和伤残就业补助金。

劳动者因工死亡的，直系亲属可享受丧葬补助金和一次性工亡补助金，符合条件的供养亲属还可按月享受或要求一次性领取供养亲属的抚恤金。

用人单位应当参加工伤保险而没有参保，在此期间用人单位职工发生工伤的，由该用人单位按照规定的工伤保险待遇项目和标准支付费用。

用人单位使用童工或非法用工使得劳动者致残的，由该单位支付治疗期间的费用(含护理、食宿费用等)，医疗终结经劳动能力鉴定，由单位给予一次性赔偿。

申请工伤认定时，按《工伤保险条例》第十八条的相关规定，应提供以下材料：

(1)劳动关系证明，即用来证明劳动者和用人单位存在劳动关系的证明(劳动合同、工作证、工资单、工卡等)；

(2)医院的诊断证明和病历；

(3)本人的身份证复印件；

(4)用人单位的工商注册资料(在工商行政管理局网站"企业基本信息查询"处查询并打印)；

(5)工伤认定申请表。

（六）生育保险

《中华人民共和国社会保险法》规定，生育保险是通过国家立法，在劳动者因生育子女而暂时中断劳动时，由国家和社会及时给予物质帮助的一项社会保险制度。生育保险全部由用人单位缴纳，劳动者无须承担。

生育保险待遇包括生育医疗费用和生育津贴。

《中华人民共和国社会保险法》第五十六条规定，职工有下列情形之一的，可以按照国家规定享受生育津贴：

（1）女职工生育享受产假；

（2）享受计划生育手术休假；

（3）法律、法规规定的其他情形。

《企业职工生育保险试行办法》第七条规定，女员工生育或流产后，由本人或所在企业持当地计划生育部门签发的计划生育证明，婴儿出生、死亡或流产证明，到当地社会保险经办机构办理手续，领取生育津贴和报销生育医疗费。

（七）住房公积金

住房公积金是指劳动者的任职单位为职工缴存的长期住房储金。住房公积金由两部分组成，一部分由职工所在单位缴存，另一部分由职工个人缴存。国家规定，住房公积金制度一经建立，职工在职期间必须不间断地按规定缴存，除职工离退休或发生《住房公积金管理条例》规定的其他情形外，不得终止和中断。该规定体现了住房公积金的稳定性、统一性、规范性和强制性。目前我国只在在职职工中建立了住房公积金制度，无工作的城镇居民、离退休职工不实行住房公积金制度。由于住房公积金制度建立时间不长，鉴于目前许多企业负担较重，目前我国并没有强制规定用人单位一定得为职工交纳住房公积金，许多企业从成本考虑，不愿缴交住房公积金，导致其交纳情况不甚理想。

第四章
网约工的劳动保障与权益保护

一、网约工权益保障情况

网约工作为"互联网+"时代我国服务领域中打通"最后一公里"的生力军，给社会生活带来巨大便利。目前包括网约车司机、外卖送餐员、快递小哥、网约货车司机、互联网营销师、保洁阿姨在内的网约工已成为一个数量庞大的群体，预计到 2022 年这一数字将超过 1 亿。其中，外卖小哥总数将超过 1000 万人，美团及饿了么由于处于绝对垄断位置，其配送员占整个配送员数量的 80% 以上。全国共有 236 家网约车平台企业，取得许可的网约车驾驶员超过 351 万人。①

但是，作为一种新的就业形态，新的用工模式也带来了一系列法律问题，传统劳动关系的认定标准在面对"网约工"时出现了不适，网约工面临着自身权益保障难、维权难的困境。

网约工权益保障方面的问题主要有：

----

① http://www.lygmedia.com/news/kandian/20210819/1949620.html.

一是劳动合同签订较少。如前所述，网络平台除与少部分自雇人员签订劳动合同外，大量的人员为众包人员，平台不与其签订劳动合同。对于拥有大量网约工的第三方外包服务公司，平台借口与其为加盟关系，要求劳动者与加盟公司签订劳动合同，而加盟公司都是当地小公司，无力承担签订合同后所应支付的"五险一金"等，也不予签订正式合同，或以劳务合同代替劳动合同，借以规避法律风险。劳动合同与劳务合同是两个不同的法律概念，区别很大，一旦出现法律纠纷，则存在严重的法律风险。前者，用人单位须为劳动者承担安全、社保等种种责任，也严格受劳动法律法规约束；后者，则意味着双方是平等的民事合作关系，劳动者的很多权利难以得到保障。许多网络平台与网约工签订的多是合作协议、承揽协议或其他协议，其"良苦用心"由此可见一斑。没有劳动合同，一旦劳动者进行劳动维权或出了工伤事故，由于身份问题，往往难以得到政府执法部门的认可，在纠纷调解或法庭上也处于不利位置。

二是劳动时间过长，加班得不到补偿。根据《劳动法》等相关规定，我国实行劳动者每日工作时间不超过 8 小时、平均每周工作时间不超过 44 小时的工时制度，用人单位应当保证劳动者每周至少休息一日，用人单位在法定节假日期间应当依法安排劳动者休假，用人单位由于生产经营需要，经与工会和劳动者协商后可以延长工作时间，一般每日不得超过 1 小时，因特殊原因需要延长工作时间的，在保障劳动者身体健康的条件下延长工作时间每日不得超过 3 小时，但是每月不得超过 36 小时。但许多网约工没有底薪，工资完全靠提成，为追求更高的收入，往往不分白天黑夜，每日都处于长时间的工作状态，许多网约工 24 小时全时段为用户提供服务。

三是社会保障基本没有。我国规定劳动者应享有基本社会保险，包括养老保险、基本医疗保险、失业保险、工伤保险等，但由于网络平台基于节约成本考虑，不愿签订劳动合同，更不愿为他们承担负担较重的社会保险服务。一些平台只为一些户外工作的网约工交纳意外保险，但这些商业保险保额低，而且是公司投保，并没对应到个人，一旦出现事故，保险公司拒赔现象严重。

四是扣薪情况严重。出现差评或遭受顾客投诉，平台均要对网约工进行经济处罚。如对于外卖小哥而言，一旦接到顾客投诉，外卖平台一般要对骑手罚款 200 元，而顾客给出差评或予以投诉，并不完全是外卖小哥的责任，如商家出餐太晚、交通出现堵塞、消费者电话不接等，也不排除一些低素质顾客恶意投诉或故意戏弄外卖小哥等，但平台完全不管这些，一切以消费者意见为准，罚款十分随意，且不提供申诉的机会。外卖小哥想投诉或没有时间或没有精力或难以找到主管单位，维权无门。网约车司机也经常遇到如外卖小哥相同的问题。

五是流动性强。网约工大多将平台服务工作作为临时性工作，一有好的工作机会，则招呼不打，离职走人，有的连工资都不要。由于流动性强，流失率高，对自身权益不重视，这更助长了网络平台不重视员工的权益保障问题。

六是交通安全问题突出。对于一些网约工来说，时间就是金钱，为了多抢单，多派单，他们不顾交通安全，骑着摩托车或开车在大街上横冲直撞，与时间赛跑，尤其是在抢单或接单高峰期，为了提高准点率，许多网约工无视行车规定，随意闯红灯、压线越线行驶，甚至违章调头，导致交通事故不断，出现许多人身伤亡事故。

七是其他问题。如接受职业技能培训的权利没有得到应有保护，限制了网约工职业技能的提高，导致出现技能与劳动力市场需求脱节的问题，还有缺乏工会组织等，一些网约工下决心维权，却无法找到"娘家人"为其撑腰。

与机动车争道抢行的外卖小哥

二、网约工权益受损的原因

（一）劳动关系认定困难

我国法律规定，认定劳动关系的标准包括以下三条：（1）用人单位和劳动者符合法律、法规规定的主体资格。（2）用人单位依法制定的各项劳动规章制度适用于劳动者，劳动者受用人单位的劳动管理，从事用人单位安排的有报酬的劳动。(3)劳动者提供的劳动是用人单位业务的组成部分。这三条标准实际包括对"用人单位""劳动行为""劳动者"三方面的考察。"用人单位"必须是我国劳动法中的"企业、个体经济组织等",而"劳动行为"是劳动者在用人单位的管理下,从事具体劳动,并获得报酬的过程。"劳动者"同样必须具备合法的资格。

根据上文分析,以广大的骑手群体为例,除平台自营骑手、卖家自送骑手有具体单位挂靠外,众包骑手与平台是兼职关系,劳动关系处于不明状态。平台为了规避风险,不与众包骑手签订劳动合同,仅作为劳务关系或信息居间关系看待,而现实中许多兼职骑手也缺乏劳动保障意识,不认为自己是有单位的人,仅将自己作为纯劳动力看待,干一天活拿一天钱。由于众包骑手与平台之间的用工关系不完全符合传统劳动关系的特征,如果将这类兼职员工纳入劳动法调整范围,会对传统的劳动关系认定标准带来较大冲突。

(二)用人单位的规章制度存在缺陷

例如,我国餐饮外卖业市场竞争激烈,毛利率较低,盈利比较困难,物流配送成本高,配送的过程中会产生许多影响顾客满意度的因素,用人单位之所以对外卖小哥实施高额罚款制度,一方面有提高客户满意度的因素,另一方面不排除以罚款的方式变相少支付外卖小哥的劳动报酬,以压缩劳动成本,这种不合理的制度使外卖小哥获得劳动报酬的权利受到侵害。此外,还有用人单位的押金制度、完成任务的算法制度、工作时间的规定等都不太合理,侵害了网约工的合法劳动权利。

(三)网约服务这种新型用工方式使得维权较为困难

外卖配送等网约服务工作为数字化技术下新诞生的一种职业,因其用工灵活、上岗迅速、退出方便、结款及时而受到许多劳动者的青睐，但也给自身的身份认定带来困难。首先，网约工一般不受企业的管理，完全以自我管理为主。网约工只是借助网络平台提供服务，并根据工作结果获得报酬。这种工作模式带有独立性、自主性。然而，正是网约服务的开放性、灵活性，在给网约工就业带来独立性、自主性等便利条件的同时，却给网约工的权益保障埋下了重大隐患。其次，平台企业与网约工当事人的法律关系更为灵活多样，签订的协议亦是多种多样，有的签订劳动合同，更多签订的是合作协议、居间协议、承揽协议等，甚至不签订任何书面文本。一旦发生劳动争议，平台企业往往以信息提供服务关系、劳务关系、合作关系、承包合同关系等为由，否认双方的劳动关系，将风险转移到网约工身上，逃避应有的责任，从而使网约工劳动权益受到损害，劳动争议不断增多，维权难度加大。

(四) 监管乏力，存在真空地带

我国政府对新就业形态发展中存在的问题认识不足、监管滞后是导致网约工权益保障缺失的又一个重要原因。一是现行劳动关系制度不适应新就业形态的发展要求。表现为：第一，现行劳动法律体系不适应新就业形态，导致劳动者的法律地位难以确认，对劳动者合法权益保障的困难加大。第二，现有的劳动保护体系建立在传统劳动关系基础上。由于无法确认新就业形态从业者的法律地位，因而无法对网约工采用传统的劳动保护措施。二是如何利用新就业形态灵活就业的组织化特征，提升社会保险参保率，也是政府监管中需要面对的问题。三是公共就业服务仍偏重传统就业，政策支持尚未覆盖新就业形态。如职业指导、职业介绍方面，政府主要帮助劳动者与传统企业结合，忽视了大量进入灵活化、网络化、低门槛的新就业形态劳动者。随着劳资双方纠纷的增多，而新的政策又没有出台，导致政府部门面对新型用工出现的矛盾问题往往无能为力，或没有执法标准。

(五)主客观因素使网约工忽视自身权益防护

以外卖配送业为例，从外卖骑手从事送餐工作的主观动机来看，挣钱是他们的唯一目标，而欲多挣钱，唯一的办法就是多抢单，在抢单为王、多抢一单多几元提成的终极思维之下，许多外卖小哥一切向"单"看，而对自身权益保护、自身技能的提高、未来职业发展等从未予以考虑。从客观条件来说，他们和外卖平台之间只有一个APP，考量他们的是精确到秒的各种算法机制，为了不被平台亮红灯，外卖骑手只能疲于奔命，尤其是在中、晚餐送餐黄金时段，短短三四个小时决定了其一天的收成，在现实利益面前，绝大多数外卖骑手只能放弃遵守交通规则，选择分秒必争，于是出现外卖骑手屡屡争道抢行、乱闯红灯现象也就不难理解了。一些骑手不按规定戴好头盔，嫌头盔影响视线；一些外卖小哥对电动自行车从来不进行正常检查及保养，而是让其"带病"上路，如此种种，出现交通事故等各种意外也就在所难免。

(六)网约工素质不高，维权能力不强

目前网约工群体以新生代农民工为主，他们学历大多在高中以下，文化程度不高，法律意识不强，没有和用人单位讨价还价的能力，且大多数网约工并不将其作为自己的终身职业，仅当做过渡时期的临时性工作，一有好机会则马上辞职不干，这些主客观原因导致网约工在劳动力市场中处于弱势地位，缺乏强烈的维权意识。当出现劳动争议时，网约工大多采取自认倒霉的方式。他们认为，与其费时费力，花时间打官司，不如利用这些时间多做几单。网约工的这种妥协心理更助长

了一些服务平台的强势地位以及侥幸心理。况且，单靠个人的力量根本无法与公司抗衡，缺乏工会等合法维权组织使得网约工在劳动力市场中显得更加被动，他们的维权能力被分化，无法有效维护自身权益。

三、网约工权益保障的难题

目前，网约工普遍面临着无劳动合同、无社会保险、无劳动保障的"三无"现象，导致这种现象的原因分为五个方面：

一是劳动关系难认定。在传统的劳动关系中，一个雇主雇用一个或者多个劳动者，但一个劳动者只能对应一个雇主。雇主和雇员之间通过签订劳动合同而确立双方的劳动关系，这种劳动关系是唯一的。但在共享经济下，由于互联网的出现，一个劳动者可能被多个用人单位雇用，不再是一对一的劳动关系，劳动关系不再具有很强的从属性，相比之前，劳动者对用人单位的从属性有了弱化的趋势。

二是劳动维权难受理。目前多数网络平台不与网约工签订劳动合同，而是签订合作协议，甚至不签署任何协议。在这种情形下，一旦发生劳动纠纷，当网约工向劳动保障部门申请劳动仲裁或者向司法机关提起诉讼、主张劳动权益时，劳动仲裁部门和司法机关可能会以二者关系不符合法律上劳动关系基本特征的规定为由，不支持其请求，从而导致网约工维权无门。

三是劳动权益难保障。网络平台与网约工的权利义务不对等，使得网约工被迫承担企业经营风险与自身社会保障责任。当发生安全责任事故时，对外(受害方)的赔偿责任和对内(劳动者自身)的伤害责任等这些在劳动关系中本应由用人单位承担的责任往往也转移到网约工身上。此外，对于劳动者的养老保险、医疗保险等社会保障责任，网络平台也不愿负责，而是由网约工自己承担。

　　四是相关制度建设的缺失。我国对劳动者的保护是采取"非黑即白"的模式，也就是对于劳动者，只要与用人单位形成了劳动关系，那么劳动者就会得到全面的保护，而非劳动关系则无法得到保护。对于网约工等新型从业者来说，其工作方式具有的灵活性，导致我们不能对他们进行"非黑即白"的归类，这些灵活就业人员实际上处于劳动者的中间形态（类劳动者），为共享经济下的新型劳动就业群体，若想将其纳入劳动法的保护范围，则面临着调整劳动关系的认定标准这一问题。

　　五是官方组织介入难。鉴于灵活就业人员劳动关系认定困难，缺乏现成的法律法规，导致官方组织介入难、协调难、执行难，无法切实维护网约工的合法劳动权益。国家应从顶层设计的高度，出台新的劳动关系认定法律；劳动监管部门应加强巡查机制，及时查处不平等行为与条款，同时建立异地执法、网上执法新模式，降低网约工的维权成本；引入企业强制责任险、商业保险等，为网约工提供人身安全保障；引入网络合同，由政府研究、出台网约工合同标准化模板，劳动合同应共享、验证，并在劳动监管部门备案。

四、我国对网约工权益保障的实践举措

　　针对新就业形态劳动者数量大幅增加，却难以与企业直接确认劳动关系，难以简单纳入我国现行劳动法律调整的局面，国家相关部门出台了多个文件，从源头上为如何保护新就业形态劳动者的劳动权益指明了方向。

（一）出台《关于维护新就业形态劳动者劳动保障权益的指导意见》

　　2021 年 7 月，国务院常务会议审议通过了《关于维护新就业形态劳

动者劳动保障权益的指导意见》（以下简称《意见》，见附录一），这是我国结合当前劳动者就业现状，在客观分析新就业形态劳动者新型特征的情况下，专门针对新就业形态劳动者权益保护问题出台的专门政策，具有重要的意义，成为各地方政府维护新就业形态劳动者权益的操作指南。《意见》共四个方面十九条。

一是明确了劳动者权益保障责任。《意见》要求企业依法合规用工，积极履行用工责任，对符合确立劳动关系情形、不完全符合确立劳动关系情形但企业对劳动者进行劳动管理的新就业形态劳动者权益保障承担相应责任。平台企业采取劳务派遣、外包等合作用工方式的，与合作企业依法承担各自的用工责任。

二是健全了劳动者权益保障制度。《意见》聚焦新就业形态劳动者权益保障面临的突出问题，健全了符合确立劳动关系情形、不完全符合确立劳动关系情形的新就业形态劳动者公平就业、劳动报酬、休息、劳动安全、社会保险等方面的制度，强化了职业伤害保障，完善了劳动者诉求表达机制。

三是优化了劳动者权益保障服务。《意见》针对所有新就业形态劳动者享受劳动保障等公共服务方面的痛点、难点问题，提出了优化就业服务、社会保险经办、职业技能培训、工作和生活服务保障等方面的措施。

四是完善了劳动者权益保障工作机制。《意见》要求各地区各有关部门协同推进新就业形态劳动者权益保障工作，出台具体实施办法，做好政策宣传，拓宽工会维权和服务范围，加强矛盾纠纷调处，加大监管力度，努力营造良好环境，切实维护新就业形态劳动者权益。

五是正式将劳动关系的认定细分为三个类型。《意见》出台之前，按照我国现行劳动法律的规定，建立劳动关系的劳动者，企业应当依法保障其合法权益。没有建立劳动关系的，劳动者与企业之间的权利义务关系一般按照民事法律调整。针对平台用工模式区别于传统用工模式、不完全符合确立劳动关系的情形，导致在平台企业就业的广大劳动者正当权益无法得到有效保护，产生了很多社会问题的现状，《意见》增设了一种新类型：不完全符合确立劳动关系情形但企业对劳动者进行劳动管理的劳动者。《意见》将平台企业与劳动者的法律关系划分为三类，实则是对传统劳动法理论的突破，顺应了时代潮流，也为维护新就业形态劳动者劳动保障权益提供了明确的法律依据。

《意见》从健全公平就业、劳动报酬、休息、劳动安全、社会保险制度，强化职业伤害保障，完善劳动者诉求表达机制等多方面，补齐了劳动者权益保障的制度短板，还将所有新就业形态劳动者纳入劳动保障基本公共服务范围，对规范平台企业用工行为，维护新业态劳动者权益及增强新就业形态劳动者的获得感、幸福感、安全感，促进平台经济规范健康持续发展具有重要意义。相信随着新业态的不断发展，在国家一系列政策的规范与支持下，劳动者权益保障体制机制会逐步完善，实现平台经济和新业态劳动者权益的共同发展。

为有效落实《意见》，全国总工会已经制定出台了《关于切实维护新就业形态劳动者劳动保障权益的意见》（见附录二），各省市也根据《意见》要求，制定实施方案，出台相关落地措施，明确平台企业责任，健全权益保障制度机制，优化权益保障服务，切实维护劳动者的劳动保障权益。

（二）其他维护新就业形态劳动者权益的实践

除出台《关于维护新就业形态劳动者劳动保障权益的指导意见》外，国家还以《意见》为基本指针，针对具体业态、具体群体、具体问题，分门别类制定相关政策，通过一套组合拳，全方位、多层次、多角度保护新就业形态劳动者的合法权益。

针对外卖送餐员，2021 年 7 月，七部门联合印发《关于落实网络餐饮平台责任，切实维护外卖送餐员权益的指导意见》，要求网络餐饮平台要进一步完善订单分派机制，优化外卖送餐员往返路线，降低劳动强度。科学确定订单饱和度，向外卖送餐员分派订单时，要充分考虑安全因素。合理管控在线工作时长，对于连续送单超过 4 小时的，系统应发出疲劳提示，20 分钟内不再派单。

针对网约车司机，2021 年 11 月，八部门联合印发《关于加强交通运输新业态从业人员权益保障工作的意见》，明确指出，各地相关部门要督促网约车平台企业科学确定驾驶员工作时长和劳动强度，保障其有足够休息时间。督促网约车平台企业持续优化派单机制，提高车辆在线服务期间的运营效率，不得以冲单奖励等方式引诱驾驶员超时劳动。

针对平台随意罚款情况，2021 年 7 月，交通运输部、国家邮政局等七部门发布《关于做好快递员群体合法权益保障工作的意见》，提出制定派费核算指引、制定劳动定额、纠治差异化派费、遏制"以罚代管"四个方面的举措，要求企业完善考核机制，遏制"以罚代管"，加强对恶意投诉的甄别处置，拓宽快递员困难救济渠道。

针对平台各种严苛的算法机制，监管部门对某些外卖、网约车等互联网平台的算法规则进行点名批评，要求平台对算法进行整改，强调平台应该通过"算法取中"等方式，合理确定订单数量、准时率、在线率等考核要素，适当放宽配送时限，科学确定考核和奖惩要素，避免超强度劳动和因此造成的安全伤害问题。

针对新就业形态劳动者基本没有社会保险的现实，《关于落实网络餐饮平台责任，切实维护外卖送餐员权益的指导意见》督促各平台为专职外卖送餐员购买社会保险，支持其他类型外卖送餐员参加社会保险，并且按照国家规定参加平台灵活就业人员职业伤害保障试点。同时，《关于维护新就业形态劳动者劳动保障权益的指导意见》正式引入职业伤害保险制度，一些地方试点为新就业形态劳动者建立了特殊的单一工伤保险制度，新就业形态劳动者认定工伤的难题正在被破解。

此外，为积极配合《意见》，加强政策落地，2021 年 9 月，中华全国总工会印发《关于推进新就业形态劳动者入会工作的若干意见(试行)》，指出要探索平台企业实行民主管理的方式方法，注重发挥产业、行业工会作用，引导平台企业和劳动者在劳动报酬、奖惩办法、工作时间、劳动定额等方面进行协商，为劳动者搭建理性有序表达合理利益诉求的渠道，保障劳动者对涉及切身利益重要事项的知情权、参与权、表达权，加强对平台企业执行劳动法律法规的有效监督。

"互联网+"时代下的用工关系，更具自由性和灵活性，但劳动用工的灵活性，是在法律政策范围内的灵活，平台企业仍然是劳动法意义上的用人单位，新业态并不是平台企业违法用工的"避风港"。保障网约工的权益，应在积极探索的基础上，构建科学的劳动保障法律体系，健全完善社会保障制度，形成政府负责、社会协同、市场参与的劳动权益保障格局，使改革成果更多、更公平地惠及网约工群体。

五、如何保障网约工权益

针对网约工合法劳动权利受侵害的现状，在分析产生劳动权益受侵害的基础上，有必要从网约工自身、用人单位以及国家等层面提出相应的对策来维护网约工的合法劳动权利，也即需要形成政府主导、企业负责、协会参与、个人主动作为的多方协作机制，各方形成合力，共同维护好网约工的合法权益。

(一) 网约工自身层面

网约工自身应增强法律意识，学法、懂法、用法，清楚自身享有的合法劳动权利，并懂得在自身合法劳动权利受侵害时，运用法律的武器依法维护自身合法劳动权利。网约工还应参加职业技能培训，加强学习，不断提高自身的职业能力，履行好劳动义务。

网约工个人应当增强维权意识，善用法律武器来保护自己的合法权益。第一，学习相关法律法规，增强法律意识和自我保护意识，防止网络平台在签订协议的过程中利用信息不对称规避法律责任。第二，在日常工作中，除遵守公司的各项规定，努力工作外，也要切实维护好自己的合法权益，收集公司侵权证据，必要时将其派上用场。第三，应当积极、理性、依法维权，在自身合法权益受到侵犯时，依法向工会、仲裁机构或者司法机关寻求法律援助。第四，个人的力量毕竟是弱小的，网约工们应该团结起来，对公司侵权行为集体说不，维护好大家共同的权益。

当前，网约工合法劳动权利受侵害的状况不容忽视，维护网约工的合法劳动权利有利于促进社会各方对全体劳动者合法劳动权利的重视，有利于促进社会的和谐、稳定、繁荣。

(二) 用人单位层面

其一，用人单位要认真贯彻落实国家的劳动法律，不把侵害网约工的合法劳动权利作为降低成本的手段，还要加快转型升级，寻找新的利润增长点，结合企业实际为网约工提供更高的劳动报酬以及福利，比如除"五险一金"外，还可以给网约工购买补充保险。

其二，强化平台企业的主体责任。目前网络平台大多没有为网约工购买工伤保险，其隐患多多，无须细说。将网约工这个群体纳入工伤保险体系之内，一方面体现了对处于弱势劳动者群体的保护，另一方面也体现了我国社会保险制度的优越性，能使各类灵活就业者的个人工作安全系数水平得以提升。具体方式上，鉴于当前工伤保险由用工主体单方支付的现状，而平台与网约工之间仅为松散的劳务关系，完全由平台支付工伤保险金不太现实，可采取平台企业和灵活就业者联合缴费模式，共担风险，共享收益。同时，在此基础上，以现有社会保险为基础，积极引进商业保险，通过采取减免税收优惠等政策，促进商业保险和社会保险的接轨，形成双保险，切实保障网约工的人身安全，增强网约工的劳动幸福感。

其三，平台企业的各类规章制度应合理合法。目前网络平台最让人诟病的地方有以下五处：一是随意克扣网约工的收入，二是设置了严苛的送达时间，三是用户评价影响网约工提成收入，四是用户评价机制不科学，五是网约工基本没有底薪，收入完全靠派单提成。对于随意扣款问题，平台应出台标准或细则，扣款程度不得违反国家法律的规定。平台不能仅仅因为网约工态度不好、派送延时、用户差评或投诉，就不分青红皂白简单地处以严罚，导致网约工一天白干。网约工受罚须具备法定条件，并且处罚权的制定与实施应遵循法定程序，听取网约工的意见。对于派送时间，应考虑派送路段、天气、交通拥堵、交通工具等各种特殊情况，不能以准点率作为业绩考核的唯一标准。各类平台用户评价指标要合理，针对不同年龄、不同行业、不同类别的消费者分别设计各类不同指标，提高指标设计的科学性，具体实施过程中坚持用户评价与实地调查相结合的方式，科学考核网约工的工作质量。对于网约工没有底薪、收入单纯靠派单提成的问题，平台应限制网约工一天任务抢单总量或在一个时间段内限制任务抢单量，以保证网约工有足够的派送时间，从而避免因订单过多、时间过紧导致网约工争道抢行而发生各种交通事故，进而影响网约工的休息权及人身安全，减少网约工因连续派送、长时间派件、缺乏休息而出现过劳死情况。

（三）国家层面

首先，国家应该出台合理的经济政策，完善相关制度，促进我国劳动力市场的发展与成熟。随着互联网、大数据、云计算等网络信息技术的迅猛发展及其与传统行业的深度融合，大量以"互联网+"为特征的新经济、新模式、新业态被催生出来，外卖配送员、快递小哥、网络保洁阿姨等新的就业形态（网约工）不断涌现。然而，大多数网约工都以非正规的方式就业，他们与平台之间并未签订劳动合同，除了劳动报酬之外，没有"五险一金"，也不能获得工伤事故赔偿责任方面的法律保护，基本上游离于社会保障的边缘。这种情况的出现，使人们对"互联网+"新业态中劳动关系的认定以及由此产生的权益维护等方面的问题感到困扰。为此，国家要建立健全劳动法律，结合共享经济新的发展形势，适时补充或出台新的劳动法规，以切实保障这部分人的利益需求。

其次，政府应加大监管服务力度。(1)针对线上外卖平台，应严格按照《网络餐饮服务食品安全监督管理办法》的规定，要求线上外卖商家必须有实体店，而且取得营业执照、食品经营许可证、健康证等从事餐饮行业所必需的证件，对于证照不齐全、没有固定经营场所及其他不具备许可条件的商家，不得通过网络从事食品经营。同时，全面开展网络订餐食品安全监督检查，对网络订餐平台配送公司全面进行评估，重点评估配送能力、配送人员情况，针对外卖人员在配送途中的交通安全问题，应加强对外卖配送人员的教育管理，要求其遵守交通法规，严禁配送人员有闯红灯、逆行等不文明行为。

(2)针对个别网约车平台在获得市场优势地位后，随意调整计价规则等经营策略，设置过高抽成比例，诱使驾驶员超时劳动、疲劳驾驶，严重侵害驾驶员的劳动报酬、休息等劳动权益行为，交通运输相关部门应加快推动《意见》各项举措落地实施，指导和督促网约车平台企业依法合规用工；规范平台企业的经营行为，规范自主定价行为，降低过高的抽成比例；督促网约车平台企业综合考虑工作性质、劳动强度、工作任务以及当地的平均工资、市场经营状况等因素，合理确定驾驶员的劳动报酬标准等。

（3）针对外卖配送员、网约车驾驶员、网约货车司机等新就业形态劳动者大多在户外劳动工作的特点，政府应加快城市综合服务网点建设，推动在新就业形态劳动者集中居住区、商业区设置临时休息场所，解决停车、充电、饮水、如厕等难题，为新就业形态劳动者提供工作生活便利。

街头等货的网约货车

（4）针对网约工权益侵害严重的现实，其一，各级政府要加强对平台用工企业的引导和规范，事前加强防范，从源头将可能侵害劳动者权益的网络平台排除在劳动力市场之外；事中强化监督，对网络平台的工资结算、用工管理等方面进行监督与指导，劳动监察等有关部门应坚决查处侵害网约工合法权益的事件，并依据相关法律法规进行处罚，增加用工企业的违法成本。其二，规范劳动关系的认定和管理，明确劳资双方权利义务，制定劳动标准体系，对网约工的工作时间、工资标准、休息休假、劳动条件、安全保护等做出明确规定，切实保障网约工的合法权益。其三，新就业形态劳动者大部分是灵活就业人员，在参保问题上，存在部分人员不愿参、参不起，个别超大城市未放开外省户籍灵活就业人员参保限制，有的地方参保不便捷等问题，为此，各级政府要放开灵活就业人员在就业地参加基本养老保险的户籍限制；组织未参加职工养老保险的灵活就业人员，按规定参加城乡居民基本养老保险，做到应保尽保；督促企业依法参加社会保险，引导和支持不完全符合劳动关系情形的新就业形态劳动者根据自身情况参加相应的社会保险。其四，改革当前参保缴费政策，积极探索建立政府部门主导的新业态从业人员职业伤害保障制度，构建多层次社会保险体系，为新就业形态劳动者提供更加有力的保障。其五，切实加强对新业态企业的执法监管，提升执法科学性，强化监管精准度，完善跨界联合执法机制，畅通沟通合作渠道，形成治理合力，坚决制止刻意规避法律、侵害劳动者权益的短期行为。其六，政府还应组织开展企业的各类评比活动，促进网络平台强化行业自律，督促新业态企业规范用工管理，引导互联网平台企业在劳动者权益保障方面承担更多社会责任，切实保护好新业态从业人员的合法权益。

再次，针对当前新就业形态劳动者劳动关系认定困难的情况，参考国内一些学者的意见，结合 2021 年出台的《关于维护新就业形态劳动者劳动保障权益的指导意见》对新就业形态劳动者的分类，可考虑引入"类劳动者"制度。"类劳动者"是一种新型的劳动关系主体，该主体在人身从属性上弱于传统劳动关系，但在经济依赖性上又强于劳务关系。在新就业形态的用工形式中，平台专送模式、卖家自送模式以及外包模式下网约工与相关单位可以形成传统的劳动关系，但众包模式下的网约工与相关单位的法律关系并不明确，引入"类劳动者"制度可以给这类用工形式精准的法律定位。在"类劳动者"制度的具体设计上，其一，要确立倾斜保护"类劳动者"的基本原则。其二，要明确"类劳动者"的具体权益范围。其三，应健全"类劳动者"相关的纠纷处理机制。

最后，建立职业责任保险制度。职业责任保险是指被保险人在执业过程中因非故意因素造成第三方损失而应依法给予经济赔偿的，保险公司按照合同的约定在其职责范围内支付的保险赔偿金。当前，许多平台考虑到灵活就业者派件过程中的风险问题，每天向他们收取几元的意外伤害保险，这种商业保险由于保费缴交太少，保额太低，如果网约工出现了重大交通安全事故，这些保险金无疑杯水车薪，加之网约工流动性强，主动放弃权益者大有人在。尤其令人震惊的是，出现工伤事故，受益人却一般为平台，即如果网约工出事，相反平台还会受益，这种有违公序良俗的反常事情应该尽量避免。为此，国家可强制要求网络平台建立职业责任保险制度，受益人为全体网约工，由全体网约工公平享有这份保障。

（四）工会层面

针对新就业形态劳动者行业组织化程度不高的现状，工会组织应充分发挥作用，要以灵活就业者为重点对象，创新工会组织形式和入会方式，通过源头入会、劳务市场入会、先入会再组织成建制劳务输出、加强劳务派遣工人入会等措施，推进工会组建和发展会员工作；

大力推进区域性、行业性基层工会联合会建设，聘用社会化、职业化工会工作者，充分发挥基层工会联合会在组织网约工加入工会中的重要作用，扩大对网约工的覆盖率。

工会组织应积极参与《关于维护新就业形态劳动者劳动保障权益的指导意见》《劳务派遣规定》《外卖配送管理规范》《互联网机制下新型劳动用工关系认定工作》等涉及网约工切身利益的法律法规和政策的制定，积极反映灵活就业群体的利益诉求，提出政策主张，为党和政府科学决策提供参考。进一步推进《劳动合同法》等相关劳动法律和制度的贯彻落实，督促相关部门定期或不定期进行专项检查。积极开展建设学习型组织、争做知识型职工活动，努力提高网约工的劳动技能和综合素质，培养造就高素质的现代产业工人。

当前，各级工会应加强对灵活就业者权益保护情况的调查研究，开展在网络平台行业中组建工会工作，加大对网约工的教育、宣传和权益维护力度，并积极帮助他们追讨工资。由于工会是一个分工明确、责任到位的组织，而且是可以与雇主相抗衡的社会力量，可以消除"搭便车"行为，实现集体行动。此外还可降低网约工讨薪维权的成本，如果发生拖欠工资或者其他侵权行为，网约工可以通过举报来维护自己的合法权益。工会接到举报后，应协同其他监管部门采取措施来维护网约工的权益。

此外，还应建立平台企业信用档案数据库，对违反国家劳动法规定，恶意克扣网约工工资或拒不与网约工签订劳动合同的企业，应记入信用档案数据库，并在网上进行公示。相关行政主管部门可依据企业的不良信用记录对其市场准入、网络广告和纳税或开业许可等进行限制，通过建立健全的信用体系，从而改变整个行业的信用缺失现状。

(五) 政策层面

在互联网+经济深入推进、全方位渗入的情况下，共享经济的作用越来越大，地位越来越重要，为此要加大对共享经济的舆论宣传，宣传党和国家关于加强共享经济发展的各项方针政策及网约工所作的重大贡献，引导用工单位认真履行社会责任，进一步营造关心、尊重和爱护网约工的良好社会氛围；畅通网约工的利益诉求渠道，保障他们参与管理社会事务的民主政治权利；积极组织适合他们特点的丰富多彩的文体活动，丰富其业余生活，满足他们的精神文化需求；注意加强他们的心理疏导和行为矫正服务，加大对他们心理健康的关注和投入，开展社会关怀活动，帮助他们搞好自我管理、自我调适，缓解心理压力，提高抗挫能力，树立健康向上的生活情趣；关心他们的恋爱婚姻问题，为他们组织开展交友联谊活动，为解决婚姻问题创造条件。

同时，进一步探索网约工维权工作的新机制、新方法，形成社会化的工作格局。建立健全党政主导、工会运作、相关部门协作的社会化维权工作体制，赋予工会更多的资源和手段以维护网约工的合法权益。进一步探索促进网约工工作的绩效考核机制。按照促进科学发展的要求，建立网约工工作目标责任考核和激励约束机制，把网约工就业培训、收入增长、居住、就医、子女入学和社会保障等基本生活条件改善，纳入地方政府绩效考核指标体系之中。鼓励各地根据实情，因地制宜地探索和尝试网约工就业培训教育、住房改善、户籍制度改革、随迁子女高中阶段教育的新机制和新方法等，使城市这群最熟悉而又最陌生、最可气而又最不舍的"天外飞仙"们能在城市立足、生根、成家、立业，成为城市新市民，满足其融入城市的梦想。

说到底，提供网约服务也是一份工作，网约工是千千万万劳动者中的一分子，是社会主义的伟大建设者，他们用辛勤和汗水，为城市的正常运转做出贡献，他们也用自己的双手，践行着"幸福都是奋斗出来的"真谛。他们应该和千千万万的劳动者一样，得到合理合法合情的权益保护。这既是他们的人生渴求，也是各级政府的责任，更是全民共建共享共融、实现民族伟大复兴的现实需求。我们期待千千万万网约工们，某一天能够真正站上历史高位，如同"共和国长子们"一样，接受人们的欢呼、鼓掌和拥抱！相信这一天不会等得太久。

◎小知识

十条措施保障交通运输新业态从业人员权益

一、完善平台和从业人员利益分配机制。各地相关部门要督促网络预约出租汽车(以下简称网约车)平台企业向驾驶员和乘客等相关方公告计价规则、收入分配规则，每次订单完成后，在驾驶员端应同时列明订单的乘客支付总金额、驾驶员劳动报酬，并显示乘客支付总金额减去驾驶员劳动报酬后与乘客支付总金额的比例(俗称"抽成")，保障驾驶员知情权和监督权。督促网约车平台企业加强与经营服务所在地工会组织、行业协会的沟通协商，合理设定抽成比例上限并在移动客户端和媒体上公开发布。督促网约车平台企业在确定和调整计价规则、收入分配规则等经营策略前，公开征求从业人员代表及工会组织、行业协会的意见，并提前一个月向社会公布。

二、支持从业人员参加社会保险。完善社会保险经办服务，提高交通运输新业态从业人员参保和享受待遇的服务便捷性。强化网约车驾驶员职业伤害保障，鼓励网约车平台企业积极参加职业伤害保障试点，为网约车驾驶员在线服务期间劳动安全提供保障。督促网约车平台企业依法为符合劳动关系情形的网约车驾驶员参加社会保险，引导和支持不完全符合确立劳动关系情形的网约车驾驶员参加相应的社会保险。

三、保障从业人员合理劳动报酬。相关行业主管部门、工会组织、行业协会等要持续关注行业运行情况及网约车驾驶员劳动报酬水平，并适时公开发布，引导驾驶员形成合理收入预期。各级工会组织要根据工作性质、劳动强度、工作任务、当地职工平均工资、市场经营状况等因素，与网约车平台企业、行业协会协商确定驾驶员劳动报酬计算规则和标准并向社会公布。督促网约车平台企业向提供正常劳动的网约车驾驶员支付不低于当地最低工资标准的劳动报酬。

四、保障从业人员获得合理休息。各地相关部门要督促网约车平台企业科学确定驾驶员工作时长和劳动强度，保障其有足够休息时间。督促网约车平台企业持续优化派单机制，提高车辆在线服务期间的运营效率，不得以冲单奖励等方式引诱驾驶员超时劳动。

五、改善从业环境和工作条件。各地相关部门要优化审批流程，为符合准入条件的网约车平台企业、车辆和驾驶员办理许可提供便利。积极推进出租汽车综合服务区建设，在医院、居民集中居住区、重要商业区、综合交通枢纽等场所设置出租汽车临时停靠点，允许巡游出租汽车和网约车临时停靠，破解出租汽车驾驶员"就餐难、停车难、如厕难"等问题。督促网约车平台企业加强对从业人员职业技能、劳动安全、运营服务的教育培训；加强对用工合作单位的管理，不得以高额风险抵押金、保证金转嫁经营风险，不得将驾驶员服务计分与服务时长、派单机制等挂钩，不得变相违法阻碍驾驶员自由选择服务平台。

六、加强对从业人员的人文关怀。各地相关部门要密切关注交通运输新业态从业人员在工作、生活中遇到的困难和问题，广泛开展多种形式的送温暖等关心关爱驾驶员活动。鼓励交通运输新业态企业加强对从业人员的人文关怀，建立优秀从业人员奖励制度，提升从业人员行业归属感和职业荣誉感。

七、促进网约车平台企业合规发展。各地交通运输主管部门要督促网约车平台企业严格遵守法规规定，不得接入未获得网约车许可的驾驶员和车辆。督促网约车平台企业在驾驶员和车辆新注册时，应要求提供网约车驾驶员和车辆许可证件，对无法提供的不予注册，并提醒依法依规办理相应许可。严厉打击非法营运行为，鼓励运用信息化手段加强精准执法。

八、维护公平竞争市场秩序。加强对交通运输新业态企业的事前事中事后全链条监管，强化交通运输新业态运行监测，及时预警垄断风险，加大反垄断、反不正当竞争监管执法力度。防范资本在交通运输新业态领域无序扩张，依法严厉查处低价倾销、"大数据杀熟"、诱导欺诈等违法违规行为。落实交通运输新业态企业主体责任，引导企业自觉开展公平竞争，鼓励企业主动向社会作出公平竞争信用承诺。

九、畅通投诉举报渠道。充分发挥12328交通运输服务监督电话、12315消费维权电话作用，及时处理从业人员和社会公众对管理部门乱收费、乱罚款、违规执法等投诉举报，并及时向社会公开处理情况，确保件件能解决、事事有回音。督促交通运输新业态企业建立首问负责制，及时受理并妥善处理从业人员和消费者投诉，不得敷衍推诿，切实保障从业人员和消费者合法权益。

十、强化工会组织保障作用。各地工会组织要将网约车驾驶员作为推动建会入会的重点群体，进一步拓宽入会渠道，最大限度吸收交通运输新业态从业人员加入工会组织，搭建从业人员与新业态企业交流沟通的平台，探索建立从业人员与新业态企业平等协商机制。

（节选自由交通运输部等 8 部门于 2021 年发布的《关于加强交通运输新业态从业人员权益保障工作的意见》）

八条措施保障快递员群体合法权益

一、形成合理收益分配机制。制定《快递末端派费核算指引》，督促企业保持合理末端派费水平，保证末端投递基本支出，保障快递员基本劳动所得。引导电商平台和快递企业加强系统对接，满足差异化服务需求，保障用户自主选择权。加强监督检查，依法查处不正当价格竞争，规范对寄自特定区域的快件实施非正常派费结算等可能损害快递员权益的行为。（国家发展改革委、商务部、市场监管总局、国家邮政局和各地方人民政府按职责分工负责）

二、保障快递员合理劳动报酬。引导工会组织、快递协会建立行业工资集体协商机制，确定快递员最低劳动报酬标准和年度劳动报酬增长幅度。指导快递协会研究制定《快递员劳动定额标准》。开展快递员工资收入水平监测并定期发布，指导企业科学设定快递员工资水平，引导快递员合理确定工资预期。加强劳动保障监察执法，依法保障快递员按时足额获得工资。推动企业确定合理劳动定额，落实带薪休假制度，保障快递员休息休假权利。（人力资源社会保障部、国家邮政局、全国总工会和各地方人民政府按职责分工负责）

三、提升快递员社会保险水平。鼓励快递企业直接用工，提高自有员工比例。督促企业依法与快递员签订劳动合同并缴纳社会保险费，依法规范使用劳务派遣。对用工灵活、流动性大的基层快递网点，可统筹按照地区全口径城镇单位就业人员平均工资水平或营业额比例计算缴纳工伤保险费，优先参加工伤保险。推动企业为快递员购买人身意外保险。探索建立更灵活、更便利的社会保险经办管理服务模式。（人力资源社会保障部、国家邮政局和各地方人民政府按职责分工负责）

四、优化快递员生产作业环境。督促企业严格执行安全生产相关标准，加大资金投入、配齐劳保用品、升级作业装备、改善工作环境，确保生产作业安全。督促企业加强职业操守、服务规范、安全生产和应急处置等方面教育培训。健全完善对快递末端服务车辆的包容性管理，提供通行停靠便利。引导快递企业和工会组织加大投入，推进基层网点"会、站、家"一体化建设。（国家邮政局、全国总工会和各地方人民政府按职责分工负责）

五、落实快递企业主体责任。修订《快递市场管理办法》，明确企业总部在网络稳定、快递员权益保障等方面的统一管理责任。结合快递业态发展新趋势新特点，修订《快递服务》国家标准。将落实快递员权益保障情况纳入行业诚信体系建设范畴。指导企业完善考核机制，遏制"以罚代管"，加强对恶意投诉的甄别处置，拓宽快递员困难救济渠道。组织开展快递员权益保障满意度调查并按品牌发布。（交通运输部、国家邮政局和各地方人民政府按职责分工负责）

六、规范企业加盟和用工管理。末端备案网点损害快递员合法权益的，由该网点的开办企业依法承担责任。快递企业与快递员之间符合建立劳动关系情形的，按照劳动保障法律法规承担相应责任。支持快递协会制定并推广加盟协议推荐文本，明确依法用工和保障快递员合法权益要求。督促企业制定劳动管理规章制度时听取工会、快递员代表意见，充分履行民主决策程序。（国家

邮政局、人力资源社会保障部、全国总工会和各地方人民政府按职责分工负责)

七、加强网络稳定运行监管。对企业重大经营管理事项开展风险评估,加强部门间信息共享和协同治理。快递服务出现快件积压、网络阻断、员工大量离职等严重异常情况,对该区域直接责任主体依法实施应急整改,发布消费提示,并复核该品牌的区域服务能力。支持企业工会建立劳动关系风险评估和化解机制,有效维护末端网点稳定。(国家邮政局、人力资源社会保障部、市场监管总局、全国总工会和各地方人民政府按职责分工负责)

八、完善职业发展保障体系。推动职业技能等级认定和技能培训,定期组织开展全国邮政行业职业技能竞赛、全国"互联网+"快递业创新创业大赛。支持在快递企业成立工会组织,依法履行维权和服务职责。做好属地法律援助和心理疏导。推荐先进快递员作为各级"两代表一委员"人选,畅通参政议政渠道。按照国家有关规定开展全国邮政行业先进集体、劳动模范和先进工作者评选表彰活动,增强快递员的职业认同感、荣誉感。(人力资源社会保障部、国家邮政局、全国总工会和各地方人民政府按职责分工负责)

(节选自由交通运输部等 7 部门于 2021 年发布的《关于做好快递员群体合法权益保障工作的意见》)

第五章
网约工权益保护案例解析

1. 劳动关系还是劳务关系

[案例]

王某大专毕业后，一时找不到工作，在朋友的推荐下，替某知名外卖平台送餐，没有底薪，报酬为送单提成，每单提成5~10元，双方没签订劳动合同。王某辛苦工作，每月能挣5000元左右，加之这种用工方式灵活，时间可自由支配，王某对此工作非常满意。某天晚上，因天雨路滑，送餐途中为避让行人，王某不小心撞到一根电线杆上，头破血流，经紧急抢救，王某共花费2万元。事后王某要求平台承担部分医药费，但平台置之不理，认为双方是劳务关系，不是劳动关系，王某提供劳务，公司支付报酬，没有义务承担王某其他意外事故，是他自己不小心撞到电线杆，应找电线杆管理者索赔。

[解析]

双方争议的焦点是王某到底是劳动关系还是劳务关系上。如果是劳动关系，则王某在送餐途中出现意外，医药费理应由公司承担，但由于王某与外卖平台并没有签订劳动合同，仅通过平台发布的信息抢单派送，其上班形式灵活，干与不干、干多干少全凭自己心意，平台并不干涉，也没有上班时间考核要求，这是"互联网+"新形势下的网约工群体代表之一。目前国家对如何认定网约工的劳动关系并无明文规定，导致本案中王某维权困难。

前文已经分析，目前外卖平台为节约成本，专送外卖员很少，大多采用众包形式，即大量招聘兼职外卖员，不与外卖小哥签订劳动合同，最多只签书面协议，大多是口头协议，而外卖小哥也对是否签订劳动合同不太在意，因为没有多少人会将此工作当做一辈子的职业。一些外卖小哥从自己职业发展考虑，也不太愿意签订劳动合同，随时想跳槽离去，只有在出了交通等意外事故后，才想到签订劳动合同的重要性。

确定民事主体之间的权利义务关系，不能单纯依据外在表象来推定，而应根据事实与法律规定来认定。从目前双方法律关系来看，王某与外卖平台不构成劳动关系，而应以劳务关系来认定。

目前对于劳动关系的确认依据是 2005 年原劳动和社会保障部发布的《关于确立劳动关系有关事项的通知》，其从双方主体资格、劳动者是否服从单位管理、劳动者提供的劳动是否属于单位业务组成部分三个方面来认定劳动关系。王某通过平台自主决定是否接单并送餐，平台对其工作量没有考核机制，完成多少单发多少工资，时间灵活，用工形式随意。当然，王某在配送中也要接受平台的管理与考核，遭受客户投诉平台将对其罚款。王某与配送平台的关系为通过互联网建立的一种新型用工关系，符合劳务关系的特点。

《中华人民共和国侵权责任法》第三十五条规定："个人之间形成劳务关系，提供劳务一方因劳务造成他人损害的，由接受劳务一方承担侵权责任。"综上，王某因与平台不是劳动关系，无法获得工伤待遇，但是由于存在劳务关系，发生意外事故时，可要求平台根据其个人的过错程度，承担相应的雇主责任。

2. 合同一字之差，相关待遇迥然不同

[案例]

贾某从单位下岗后，在朋友开的一家货运物流公司当起了网约货车司机。为了行车安全，他要求签订一份正式用工合同，朋友遂给他打印了一份劳务合同，又称他原单位仍存在，所以社保新单位就不用交纳了。贾某发现单位里有些司机拿的是劳动合同，对于这两种性质的合同，贾某不知哪种合同好。

[解析]

对于劳务合同和劳动合同，劳动者既要谨慎区分，也要根据合同的具体履行情况学会保护自己的合法权益，不能仅以合同的表面形式简单判断。许多劳动者分不清劳务合同和劳动合同，并且容易发生两种错误认识。

第一种认为，两者没有什么区别，都是劳动者提供劳动，单位支付报酬，因此，签什么合同都一样，双方都构成了劳动关系。另一种则认为，只要合同上写的是劳务合同，就不存在劳动关系，不受劳动法的保护。

基于第一种认识，很多劳动者在与单位发生争议的时候首先想到的是去劳动仲裁，但对于签订劳务合同的劳动者，被告往往不受劳动争议仲裁委员会的管辖，应按照合同法到法院提起民事诉讼。基于第二种认识，劳动者虽然与单位形成了事实上的劳动关系，但因为签订的是"劳务合同"而不是"劳动合同"，所以在面临自己劳动权益受到损害的时候，也只能自认倒霉，不愿意主动提起劳动仲裁。

事实上，一方面，劳务合同与劳动合同在形式上有本质的区别，两种合同往往对应着两种截然不同的法律关系，另一方面，对于合同双方的法律关系，又不能仅仅从合同本身的形式来进行区分。

第一，劳务合同的双方有可能都是自然人，或都是法人，而劳动合同双方一方只能是自然人，另一方则是除自然人之外的用工主体，主要是法人或非法人单位。

第二，劳务合同受《民法通则》和《合同法》的调整，而劳动合同受《劳动法》《劳动合同法》的调整。

第三，劳务合同双方是平等的民事主体关系，而劳动合同双方在合同签订后存在隶属关系，劳动者需服从单位的管理和支配。

第四，合同内容不同。劳务合同内容主要是双方平等协商后的合意性条款，劳动合同的内容则更多的是法定性条款，其选择范围远小于劳务合同。具体来说，劳务合同的内容相对简单，主要是约定有关的工作内容和劳务报酬，而劳动合同还包括劳动者的保险、岗位等事项。

第五，争议处理方式不同。劳务合同纠纷一般通过法院诉讼解决（如果约定了仲裁条款，也可仲裁），而劳动合同纠纷必须先通过劳动争议仲裁委员会的仲裁，对裁决不服的才能起诉到法院，对于部分情形的裁决甚至可以一裁终局。

从以上区别可看出，混淆两种合同性质，有可能使劳动者失去劳动法的保护，不利于劳动者维护自身的合法权益。

签订劳务合同或劳动合同，必然涉及劳务关系和劳动关系，尽管只一字之差，可相关待遇却相差甚远。

（1）劳动关系适用《劳动法》和《劳动合同法》，而劳务关系则适用《民法典》。

（2）劳动关系主体与劳务关系主体的区别。劳动关系的一方是用人单位，另一方必然是劳动者；劳务关系的主体是平等主体，当事人双方既可以是自然人，也可以是单位和个人。

（3）在劳动关系中，用人单位和劳动者之间存在隶属关系，当事人之间的地位是不平等的，而在劳务关系之中当事人之间是一种平等的关系，不存在隶属的情况，劳务关系主体之间只存在财产关系。

（4）在当事人之间的权利、义务关系方面，劳动关系中用人单位必须按照法律或规章的规定为劳动者办理社会保险，而在劳务关系中用人者不负有为提供劳务者办理社会保险的法定义务，劳务关系中的自然人，一般只获得劳动报酬。

（5）用人单位解除劳动关系，应当向劳动者支付经济补偿金，而解除劳务关系，没有这些法定的经济补偿金，只能根据民事法律和双方的劳务合同约定执行。

3. 互联网平台为何要求劳动者将身份注册为个体工商户

[案例]

老卫打工的酒店倒闭后，在朋友推荐下，到一家名为"美食到家"的平台报名，准备做网约厨师。在填交资料时，平台将其身份默认为个体工商户，如果想改其他身份，资料就提交不上去。老卫打电话到平台，平台说申报为个体工商户和个体劳动者并没有本质区别，都是干一份活拿一份钱，平台这样做，只是为了少交税，另外也是避免上级劳动部门经常性的检查。老卫有些犹豫，不知道将自己身份变为个体工商户有没有什么风险。

[解析]

互联网平台将劳动者身份注册为个体工商户，根本目的就是模糊事实劳动关系，规避用工主体责任，在与劳动者发生劳动争议时好钻法律空子。

目前判断是否为事实劳动关系，主要从主体合法性、人格隶属性、业务从属性三方面确认。从用工形式上说，平台提供用工机会，老卫提供厨师技能，老卫和该平台符合法律、法规规定的用工主体资格。老卫接受平台的管理，遵守平台工作制度，且工作时身穿带有该公司统一标识的工作服，老卫与公司之间具有人格隶属性。老卫所提供的劳动是该平台的业务组成部分，其工作成果由平台享有。老卫的工作具有主体合法性、人格隶属性、业务从属性特征，因此其与平台之间存在劳动关系，平台不仅要根据法律规定与老卫签订正式劳动合同，还要为老卫购买各种保险，提供各项培训机会或相关福利，经营成本无疑大大增加。

而现今平台强迫或诱导老卫将身份注册为个体工商户，这样双方建立的就是单位与单位之间的关系，两者是平等的民事主体关系，这种平等民事主体关系只能认定为劳务关系，所从事的工作为商务合作或业务承揽，单位这样做的目的，经过上文分析后，自然昭然若揭了。

4. 李工可以提出离职并索要加班费吗

[案例]

李工从一家互联网公司跳槽后，应聘到一家网络平台公司，从事后台维护工作。平台与其签订了劳动合同，合同约定每月支付李工月薪2万元(其中1万元为基本工资，另1万元为月度各项津贴，加班工资也统算在内)，工作时间是"996"。由于平台发的薪水是前单位的近2倍，李工十分满意。工作半年后，因爱人怀孕，李工需要抽时间照顾，加之长期熬夜加班(忙时晚12时后才能下班)，李工感到身体吃不消，于是提出离职，并向公司提出，自己每周工作时间在72小时以上，远超国家每周工作时间为44小时的规定，公司应向其支付余下的加班费。李工向单位提交了自己每天上班的网络打卡记录、月度考勤表及工作记录等，显示这半年来共加班900小时。平台认为"996"是互联网公司的工作常态，李工对此情况早就知晓，应聘前公司也说明了月薪已包括了加班工资。况且李工所说的900小时加班，为李工单方面行为，公司领导从未批字认可，应视为李工自愿加班，而且，李工身居关键岗位，突然离职将影响公司的正常经营，应对损失部分予以赔偿。

[解析]

本案例涉及三个问题：（1）李工能否以加班为由而提出离职。（2）对于李工的加班费，单位应不应支付。（3）未经单位书面批准，李工的加班可否得到认定。

关于第一个问题。《中华人民共和国劳动法》第三十六条规定："国家实行劳动者每日工作时间不超过八小时、平均每周工作时间不超过四十四小时的工时制度。"第四十一条规定："用人单位由于生产经营需要，经与工会和劳动者协商后可以延长工作时间，一般每日不得超过一小时；因特殊原因需要延长工作时间的，在保障劳动者身体健康的条件下延长工作时间每日不得超过三小时，但是每月不得超过三十六小时。"第四十三条规定："用人单位不得违反本法规定延长劳动者的工作时间。"《中华人民共和国劳动合同法》第二十六条规定："下列劳动合同无效或者部分无效：……（三）违反法律、行政法规强制性规定的。"为确保劳动者休息权的实现，我国法律对延长工作时间的上限予以明确规定。用人单位制定违反法律规定的加班制度，在劳动合同中与劳动者约定违反法律规定的加班条款，均应认定为无效。

在本案例中，网络平台公司规定工作时间为"早9时至晚9时，每周工作6天"，严重违反《中华人民共和国劳动法》所规定的法定劳动时间及法定加班时间，因此其规定应认定为无效。李工不愿超时加班，提出辞职，维护自己的合法权益，网络平台公司无权干涉李工的辞职要求。当然，根据《中华人民共和国劳动法》规定，员工辞职，应提前一个月告之公司，并作好交接安排，李工应遵守这个规定，确保离职不影响单位的正常运转。

关于第二个问题，在现实生活中，一些劳动密集型单位或互联网单位，因为其单位性质，加班属常态，一些劳动者也愿意加班，以期增加收入。一些单位为统计方便，将每月加班费包干，固定支付一部分工资，此种做法业内又称包薪制。上例中，单位已明确告之李工 2 万元中包括加班工资，李工也表示了同意。现如今，李工因辞职便要求单位补偿加班费，从常理来说，此要求不近人情。

但人情不能大于法律，包薪制实质上是单位利用强势地位，"合理"占有劳动者的工作时间，减少加班费的支出。用人单位可以依法自主确定本单位的工资分配方式和工资水平，并与劳动者进行相应约定，但不得违反法律关于最低工资保障、加班费支付标准的规定。因此，单位应支付李工的加班工资。

第三问题涉及加班的认定问题。《中华人民共和国劳动法》第四十四条规定："有下列情形之一的，用人单位应当按照下列标准支付高于劳动者正常工作时间工资的工资报酬：（一）安排劳动者延长工作时间的，支付不低于工资的百分之一百五十的工资报酬；（二）休息日安排劳动者工作又不能安排补休的，支付不低于工资的百分之二百的工资报酬。"《工资支付暂行规定》第十三条规定："用人单位在劳动者完成劳动定额或规定的工作任务后，根据实际需要安排劳动者在法定标准工作时间以外工作的，应按以下标准支付工资：……"从上述条款可知，符合"用人单位安排""法定标准工作时间以外工作"情形的，用人单位应当依法支付劳动者加班费。本案中，李工提交的考勤记录等证实提供了正常劳动，平台以李工未实际履行加班审批手续，并不影响对"用人单位安排"加班这一事实的认定，故网络平台公司应支付李工加班费。当然，所支付的加班费应扣减平台已在每月工薪中发放的包干加班费部分。

由上可知，劳动规章制度对用人单位和劳动者都具有约束力，一方面，用人单位应严格按照规章制度的规定实施管理行为，不得滥用优势地位，侵害劳动者合法权益；另一方面，劳动者在合法权益受到侵害时，要注意保留相关证据，为维权提供依据。

5. 因疫情遭隔离，用人单位可否解除劳动合同

[案例]

小陈是某即时配送移动互联网购物平台的配送员，与用人单位签订了为期两年的劳动合同。因所住小区出现了新型冠状病毒患者，小区被封控 14 天，所有居民居家隔离，无法进出小区。小陈第一时间向单位主管作了汇报，表示这 14 天无法出门，小区解封后会第一时间上班。隔离期满后，小陈到单位上班，可主管表示由于这些天送货量巨大，公司不可能等小陈回来再进行派送，已招聘了一名新人顶替了他的岗位，况且居家隔离的这 14 天，小陈并没有单位领导的签字认可，公司制度规定旷工 3 天一律开除，因此双方劳动合同自动解除。小陈不服，向仲裁委提出仲裁申请，要求恢复劳动关系。

[解析]

《中华人民共和国劳动合同法》第四十二条规定：劳动者有下列情形之一的，用人单位不得依照本法第四十条、第四十一条的规定解除劳动合同：

(1)从事接触职业病危害作业的劳动者未进行离岗前职业健康检查，或者疑似职业病病人在诊断或者医学观察期间的；(2)在本单位患职业病或者因工负伤并被确认丧失或者部分丧失劳动能力的；(3)患病或者非因工负伤，在规定的医疗期内的；(4)女职工在孕期、产期、哺乳期的；(5)在本单位连续工作满十五年，且距法定退休年龄不足五年的。法律之所以做出以上规定，是为了保护一些特定群体劳动者的合法权益。

具体到此次新型冠状病毒肺炎疫情，它对劳动者和用人单位均产生了重大影响，但综合来看，对劳动者的影响更大，特别是部分被确诊患有新型冠状病毒和因故被隔离的劳动者，以及那些疑似病人、密

切接触者，这些人服从国家防疫规定，因各种原因无法到单位正常上班，尽管会给单位正常经营带来一定影响，但这并非是劳动者的主观故意，而是服从国家防疫大局的法定之举、理性之举，最终目的是为了消除病毒，或减少病毒传播危险，使城市恢复正常秩序，各行各业能够尽快开工开业。正是基于此，许多地方为保障劳动者权益，均明确规定不得对新型冠状病毒感染的肺炎患者等予以解除劳动合同，也不得以此为由减少他们的正常工资。《人力资源社会保障部办公厅关于妥善处理新型冠状病毒感染的肺炎疫情防控期间劳动关系问题的通知》进一步明确：对新型冠状病毒感染的肺炎患者、疑似病人、密切接触者在其隔离治疗期间或医学观察期间以及因政府实施隔离措施或采取其他紧急措施导致不能提供正常劳动的企业职工，企业应当支付职工在此期间的工作报酬，并不得依据劳动合同法第四十条、四十一条规定与职工解除劳动合同。在此期间，劳动合同到期的，分别顺延至职工医疗期期满、医学观察期期满、隔离期期满或者政府采取的紧急措施结束为止。

综上，小陈在居家隔离时，已第一时间向主管进行了报备，不存在旷工行为。居家隔离为服从国家防疫规定之举，非主观故意，平台不得与小陈解除劳动合同，且不得克扣这14天隔离期的正常工资。

6. 如何处理劳动争议

[案例]

小王是一家快递公司的货运司机，在该单位工作了两年之久。后因公司重组，小王需要与新公司重签合同，但新公司不承认小王工作两年的事实，将小王当新员工看待，每工作一年享有100元的工龄工资也不予支付，而且社保改为按当地最低标准支付。小王不签合同，找新公司理论，新公司称他合同未签，不属于新公司员工，让他找原公司解决，原公司又踢皮球让他找新公司。小王想告状，却不知找哪个部门维权。

[解析]

小王与公司就重组后工资待遇问题发生了劳动争议，出现劳动争议一般该如何解决呢？

劳动争议是指劳动关系双方当事人因劳动权利和劳动义务所发生的争议。劳动争议产生的前提条件是建立了劳动关系。产生劳动争议的主要原因包括以下几个方面：①由于录用、辞职、自动离职和开除、除名、辞退就业者引起的争议。②由于劳动报酬问题引起的争议。③由于劳动保险和生活福利问题引起的争议。④由于职业技能培训问题引起的争议。⑤由于工作时间、休息时间、女工及未成年人保护、劳动安全与卫生问题引起的争议。⑥由于奖励和处罚问题引起的争议。⑦由于履行、变更、解除和终止劳动合同引发的争议。⑧其他有关劳动权利、义务问题引发的争议。

出现劳动争议以后，应积极地寻求解决途径。我国《企业劳动争议处理条例》第 6 条规定，解决劳动争议的办法有四种：①与用人单位协商解决。一般劳动争议如果能够协商解决最好，协商解决不成再想其他途径。②协商没有解决的，向劳动争议调解委员会申请调解。劳动争议调解委员会一般设在企业工会委员会那里。③调解没有解决的，向劳动争议仲裁委员会申请仲裁。仲裁委员会的办事机构一般设在县、市、区的劳动局。④仲裁没有解决的，向法院提起诉讼。

根据《劳动法》《中华人民共和国企业劳动争议处理条例》及原劳动部《关于劳动争议仲裁工作几个问题的通知》等有关规定，劳动者与用人单位发生下列劳动争议，可以向劳动争议仲裁委员会提出仲裁申请：①因企业开除、除名、辞退职工和职工辞职、自动离职发生的争议。②因执行有关工资、保险、福利、培训、劳动保护的规定发生的争议。③因履行、解除、终止劳动合同发生的争议。④因认定无效劳动合同、特定条件下订立劳动合同发生的争议。⑤因职工流动发生的争议。⑥因用人单位裁减人员发生的争议。⑦因经济补偿和赔偿发生的争议。⑧因履行集体合同发生的争议。⑨因用人单位录用职工非法收费发生的争议。⑩法律、法规规定应当受理的其他劳动争议。

由此，小王由于公司重组而引发的劳动争议，在无法协商一致的情况下，他可以向劳动争议仲裁委员会申请仲裁。仲裁没有解决的，可继续向法院提起诉讼。需要注意的是，小王如果对仲裁裁决不服，可以自收到仲裁裁决之日起 15 天内向法院提起诉讼；如果用人单位在收到仲裁裁决之日起 15 天内未向法院提起诉讼，并且逾期不履行仲裁裁决，劳动者可以向法院申请强制执行。

7.3 万元医药费该谁买单

[案例]

甲公司是某头部外卖平台在当地的配送商，因业务量扩大，甲公司聘任丁某为公司的兼职配送员。2021 年 10 月，因当天送餐任务繁重，丁某在送餐途中，迎面将行人王大爷撞伤，送医院后共花掉医药费 3 万元。丁某找甲公司报销医药费，甲公司却让丁某找外卖平台，说自己是小公司，无力承担此笔巨额医药费，外卖平台是大公司，此笔钱对它来说是九牛一毛。老板还威胁说如果找他，就倒闭或关门跑路，到时丁某连工资也别想拿。

[解析]

目前许多外卖平台为扩大业务，有效规避用工风险，在二三线地区广泛与当地的物流配送商合作，将配送业务全部委托给当地的配送商，双方就配送收入进行分成，而用工等一切事务均由当地配送商负责，外卖平台只提供信息居间服务，配送商按外卖平台的信息要求将餐食送到消费者手中，除工作要求外，平台不承担配送外卖员的其他管理任务。

《劳动法》第三条规定："劳动者享有平等就业和选择职业的权利、取得劳动报酬的权利、休息休假的权利、获得劳动安全卫生保护的权利、接受职业技能培训的权利、享受社会保险和福利的权利、提请劳动争议处理的权利以及法律规定的其他劳动权利。"即给予员工劳动保护是用人单位的法定义务，而《劳动合同法》第五十八条也指出："劳务派遣单位是本法所称用人单位，应当履行用人单位对劳动者的义务。"外卖平台只是用工单位，用人单位为甲公司，丁某并非平台招聘，因此甲公司不能因为外卖平台钱多，就将责任甩到其头上。丁某应该找甲公司协商，双方根据事故责任大小，由甲公司承担其相应的赔偿责任。

8. 王阿姨的医药费补偿请求能否成立

[案例]

王阿姨是一家公司的网约保洁员，负责为有需求的客户提供保洁服务，按保洁工作量领取相应报酬。一次，王阿姨在清洗电器时，不幸从椅子上摔下来，摔伤了腿，送到医院后花去3000元，公司进行了垫付，后王阿姨提出离职，公司同意。半年后，王阿姨腰部不适，医院认为与上次的腿部摔伤有关，此次治疗又花费了2000元。王阿姨找到公司，要求公司予以报销，但公司以王阿姨已离职，治疗费已结清，且此事已过去半年、超过仲裁时效为由，不予理睬。王阿姨在儿子的陪同下向劳动人事争议仲裁委员会申请仲裁。

[解析]

本案例的焦点是王阿姨离职后能否到公司再次申请赔付，其申请是否超过了仲裁时效。

司法实践中，既应尊重和保障双方基于真实自愿合法原则签订的终止或解除劳动合同的协议，也应对劳动者明确持有异议的、涉及劳动者基本权益保护的协议真实性予以审查，依法保护劳动者的合法权益。

《最高人民法院关于审理劳动争议案件适用法律若干问题的解释（一）》（法释〔2020〕26 号）第三十五条规定："劳动者与用人单位就解除或者终止劳动合同办理相关手续、支付工资报酬、加班费、经济补偿或者赔偿金等达成的协议，不违反法律、行政法规的强制性规定，且不存在欺诈、胁迫或者乘人之危情形的，应当认定有效。"

实践中，有的用人单位在终止或解除劳动合同时，会与劳动者就加班费、经济补偿或赔偿金等达成协议。部分用人单位利用其在后续工资发放、离职证明开具、档案和社会保险关系转移等方面的优势地位，借机变相迫使劳动者在用人单位提供的格式文本上签字，放弃包括加班费在内的权利，或者在未足额支付加班费的情况下让劳动者签字确认加班费已经付清的事实。劳动者往往事后反悔，提起劳动争议仲裁与诉讼。

本案中，王阿姨与用人单位依法解除劳动合同，是王阿姨在认为腿伤已治好，不存在后遗症的情况下签订的，否则，王阿姨肯定不会与单位解除劳动合同，现医院已证实其腰伤与腿摔伤有关，在此情况下，王阿姨提出赔偿要求，仲裁机构应依法支持王阿姨的合理需求。此举既维护了劳动者的合法权益，对依法保护劳动者劳动报酬权亦有良好引导作用，也有助于构建和谐稳定的劳动关系。劳动者在签署相关协议时，亦应熟悉相关条款含义，审慎签订协议，通过合法途径维护自身权益。

关于仲裁时效的认定问题，作为权利行使尤其是救济权行使期间的一种，时效既与当事人的实体权利密切相关，又与当事人通过相应的程序救济权益密不可分。《中华人民共和国劳动争议调解仲裁法》第二十七条规定："劳动争议申请仲裁的时效期间为一年。仲裁时效期间从当事人知道或者应当知道其权利被侵害之日起计算。……但是，劳动关系终止的，应当自劳动关系终止之日起一年内提出。"综上，王阿姨在半年内提出仲裁请求，其要求合理，并未超出仲裁时效。

9. 面对新增的工作量，蒋师傅可否予以拒绝

[案例]

蒋师傅是一名快递员，负责某大厦的快递派收任务。上月，负责隔壁一家大厦的员工离职，公司遂安排蒋师傅接管该员工的业务。蒋师傅认为目前自己工作量已呈饱和状态，如果接下了邻近大厦的派收业务，不但自己工作量大增，无法完成后续快递单的录入工作，而且耽搁接送放学的孩子，遂予以拒绝。公司负责人恼羞成怒，认为增加了工作区域，收件增多，提成水涨船高，别人求之不得，蒋师傅真是不知好歹，盛怒之下决定解聘蒋师傅。蒋师傅不服，认为用人单位增加工作量应获得自己同意，更无权以此解除劳动合同，于是告到了仲裁委。

[解析]

对于公司临时增加的任务，劳动者是否有权说不，公司是否可以任性开人，这些都要以相关法律为依据。《中华人民共和国劳动合同法》第三十一条规定："用人单位应当严格执行劳动定额标准，不得强迫或者变相强迫劳动者加班。"第三十五条规定："用人单位与劳动者协商一致，可以变更劳动合同约定的内容。"劳动合同是明确用人单位和劳动者权利义务的书面协议，未经变更，双方均应严格按照约定履行，特别是涉及工作时间、工作场所等劳动重要内容。但变更劳动合同要遵循合法、公平、平等自愿、协商一致、诚实信用的原则，应与劳动者充分协商，而不应采取强迫或者变相强迫的方式，更不得违反相关法律规定。

在本案中，快递公司临时增加蒋师傅工作量，应视为变更劳动合同约定的内容，而蒋师傅并不认同这一变动，公司单方面变动蒋师傅

工作内容，强迫劳动者接受公司安排，违反了关于"协商一致"变更劳动合同的法律规定，蒋师傅有权依法拒绝上述安排。

面对弱势就业群体，拥有强势地位的单位也不是说开人就可开的，必须有合理且正当的理由。《中华人民共和国劳动法》规定，除非有重大过失和给用人单位造成影响和不良后果的，才可以开除员工。一般情况下，开除员工需要用人单位提前通知员工。

《中华人民共和国劳动合同法》第三十九条规定，有以下情形，单位才可以开除员工，并应按照规定程序开除。(1)在试用期间被证明不符合录用条件的；(2)严重违反用人单位的规章制度的；(3)严重失职，营私舞弊，给用人单位造成重大损害的；(4)劳动者同时与其他用人单位建立劳动关系，对完成本单位的工作任务造成严重影响，或者经用人单位提出，拒不改正的；(5)劳动合同无效的；(6)被依法追究刑事责任的。

还有一些法定情形，员工的劳动合同期满后，企业不能终止劳动合同，强行终止合同属于违法解除，企业要支付两倍的经济补偿。

(1)员工患病或者非因工负伤，在法律规定的医疗期内的。医疗期是指企业职工因患病或非因工负伤停止工作治病休息不得解除劳动合同的时限。《企业职工患病或非因工负伤医疗期规定》第三条规定：企业职工因患病或非因工负伤，需要停止工作医疗时，根据本人实际参加工作年限和在本单位工作年限，给予三个月到二十四个月的医疗期。

(2)员工发生工伤正处于停工留薪期内的。停工留薪期指职工因工受伤或者患职业病需要暂停工作接受工伤医疗，原工资、薪水、福利、保险等待遇不变的期限。停工留薪期一般不会超过 12 个月，在此期间企业不能解除劳动合同。

(3)员工在本单位发生工伤，劳动鉴定 1~6 级的。根据《工伤保险条例》规定，职工因工致残被鉴定为一级至四级伤残的，保留劳动关系，退出工作岗位，从工伤保险基金按月支付伤残津贴。职工因工致残被鉴定为五级、六级伤残的，保留与用人单位的劳动关系，由用人单位安排适当工作；难以安排工作的，由用人单位按月发给伤残津贴，经工伤职工本人提出，该职工可以与用人单位解除或者终止劳动关系。职工因工致残被鉴定为七级至十级伤残的，劳动、聘用合同期满可以终止合同。

（4）员工达到订立无固定期限劳动合同的条件，并向企业提出订立无固定期限合同的。员工在本单位连续工作满 10 年或连续订立两次固定期限劳动合同，劳动者提出或者同意续订、订立劳动合同的，企业应当订立无固定期限劳动合同。

（5）女职工正处于孕期、产期、哺乳期的。根据法律规定，女职工在孕期、产期和哺乳期内，劳动合同期限届满时，用人单位不得终止劳动合同，劳动合同的期限应自动延续至孕期、产期和哺乳期期满为止。

（6）劳动者的工作有职业病危害，未进行职业健康检查的。

（7）员工有职业病症状，还在诊断或者在医学观察期间的。

（8）员工在本单位连续工作满 15 年，并且距法定退休年龄不足 5 年的。

综上，快递公司在无法与将师傅协商一致的情况下，不能强制要求蒋师傅接管另一大厦的派送任务，也不能单方面开除蒋师傅，如果强行解除劳动合同，则应按法律规定，给蒋师傅予以经济补偿。

10. 快递员因抢客户而打架，公司能否解除劳动合同

[案例]

小丁与小张两人是区域快递员。某日，某公司老板得知小丁是自己的远房亲戚后，主动将一次大型活动的快递投送业务交给了小丁。该公司为小张管辖区域，小张见小丁抢了自己区域内的大额业务，非

常恼火，双方为此发生口角。小丁解释，自己无意抢小张生意，主要是老板是自己的远房亲戚，主动找自己下的单，况且即使自己不拿，老板也不会将此大单交给小张，因为好几家快递单位都盯上了老板，并提出了优惠条件，而小张平日不懂得维护客情关系，从来没有拜访一下老板。双方由开始的恶语相向，继而大打出手，小丁鼻子被打得流了血。公司认为两人为业务大打出手，严重影响了公司形象，于是将两人开除。两人不服公司决定，在无法协商一致的情况下，共同将公司告到了法院。

[解析]

目前，我国网约工群体数量较大，他们大多通过互联网提供的劳务需求而提供劳动，靠抢单拿提成赚钱，多数为单纯的体力劳动者，团结友爱精神较为缺乏，工作中因抢单抢客户抢业务而发生口角甚至斗殴事件不少，公司是否可以开除这些员工，需要具体情况具体对待。《中华人民共和国劳动合同法》第三十九条规定，劳动者有下列情形之一的，用人单位可以解除劳动合同：(1)在试用期间被证明不符合录用条件的；(2)严重违反用人单位的规章制度的；(3)严重失职，营私舞弊，给用人单位造成重大损害的；(4)劳动者同时与其他用人单位建立劳动关系，对完成本单位的工作任务造成严重影响，或者经用人单位提出，拒不改正的；(5)因本法第二十六条第一款第一项规定的情形致使劳动合同无效的；(6)被依法追究刑事责任的。具体到本案例，双方仅是打架斗殴，伤势不大，并未上升到犯罪行为，不可能被追究刑事责任，因此单位不能以第6款为由将他们予以开除。

但两人肯定违反了单位的规章制度，至于是否属于"严重"，则仁者见仁，智者见智。尽管单位拥有最终解释权，但单位的规章制度不能大于法律，是否"严重"，不仅取决于劳动合同或用人单位规章制度的规定，同时还要审查这些规定是否合理合法，否则将违反公平原则，无限制扩张了用人单位的权利。

就此案来说，双方仅仅基于业务被抢而心怀恶意，从口角而发生打斗，未持械而斗，双方未发生身体的严重伤害，没有出现伤残情况，打架行为既没有给单位带来经济利益的损害，也没有给单位带来声誉的实质性影响，且双方在遭到公司开除后，能够联起手来维权，说明他们也认识到了自己的错误，从这个角度来说，两人的打架行为并未给公司带来严重损害，没有严重违反用人单位的规章制度，公司不能据此解除劳动合同。

当然，如果两人因打架而导致一方或双方身体受残，一方或双方被公安机关予以拘留，或者两人因打架而造成严重社会影响，引起舆论风波，导致客户大量取消合作，或上级单位出面干预提出整改要求，这就严重影响了单位声誉，单位此时可认为两人因打架而严重违反了公司的规章制度，给单位造成重大损害，可予以解除劳动合同。

11. 生死合同无效

[案例]

谢某手部残疾，一直未找到工作，其父亲找到开餐馆的亲戚刘老板，提出让谢某给餐馆送餐的想法。刘老板迫于面子，答应让谢某送餐，但为了规避风险，刘老板拿出一份事先打印好的协议，要求谢某签字，协议中有一条：本公司已尽到安全管理及提醒责任，凡在送餐途中发生意外伤亡事故等，由本人自行承担，概与本餐厅无关，本餐厅不承担任何责任。谢某一心想快点工作，又想到这种事不可能发生在自己身上，就违心地签字同意了。谁知，工作一周后，一次送餐途中，谢某一脚踏空，从楼梯上掉下摔伤了。家属找餐厅讨要赔偿，老板拿出谢某签订的协议，认为自己好心帮助谢某，正常情况下不可能让谢某送餐，现既然协议已约定了免责条款，双方就应按协议行事，拒绝了家属的各种要求。后经劳动仲裁机构裁定，确定该条款无效，要求刘老板答应谢某家属提出的合理要求。

［解析］

这是一起因用人单位不按《劳动法》的有关规定履行安全管理义务，妄图以与劳动者约定"工伤概不负责"之类的"生死条款"来逃避责任的典型案例。这类约定因违反《劳动法》，属无效劳动合同，即使已经写进合同里且双方已经签字，也是无效的。签订这类合同的多见于建筑、采石等从事高度危险作业的单位。这类企业劳动保护条件差，隐患多，设施不全，生产中极易发生伤亡事故。近年来，由外卖小哥引发的交通安全事故不断上升，一些小型配送公司无力承担赔偿损失，于是采取这种协议妄图规避自己的相关责任和风险。

无效劳动合同是指所订立的劳动合同不符合法定条件，或者不具备法律效力。无效劳动合同从订立的时候起就没有法律约束力。《劳动法》第十八条规定的全部无效劳动合同包括两种：（1）违反法律和行政法规的劳动合同；（2）采取欺诈或威胁等手段订立的劳动合同。另外还有一种部分无效的劳动合同，是指部分条款无效的合同。确认劳动合同部分无效的，如果不影响其他部分的效力，其余部分仍然有效。

劳动合同是不是有效，不能由双方当事人来认定，而应由劳动争议仲裁委员会或人民法院来认定。如果是因为用人单位的原因签订了无效劳动合同，并且对务工者的工资收入造成损失的，除了按照务工者应该得到的工资收入给予补偿之外，还要按规定支付各种赔偿。

劳动仲裁是指由劳动争议仲裁委员会对当事人申请仲裁的劳动争议的公断与裁决。劳动争议发生后，当事人可以向本单位劳动争议调解委员会申请调解；调解不成，当事人一方要求仲裁的，可以向劳动争议仲裁委员会申请仲裁。当事人一方也可以直接向劳动争议仲裁委员会申请仲裁。对仲裁裁决不服的，可以向人民法院提起诉讼。

12. 都在职位申请表填写了虚假事项，为何两人结局不同

[解析]

聂某应聘某物流公司的前台工作，为成功应聘，已婚的聂某在婚姻状况一栏填为"未婚"，尽管职位申请表下方有"应聘者对以上填写的内容负责，凡出现虚假内容，一经查实，公司有权就地解聘"的条款，但聂某还是签字确认。后来公司发现聂某已婚事实，认为聂某违反了诚实原则，对其予以解聘，但公司此举没有得到仲裁机构的认可。

无独有偶。某网络公司发布招聘启事，招聘网络内容分析师一名，要求具有中文硕士研究生或以上学历，且有一定的工作经历。小史仅为本科学历，为了谋得该职位，他通过虚假途径伪造了硕士学位证书，之后顺利通过了面试。一年后公司发现了小史造假行为，于是开除了小史。公司行为得到了仲裁机构的认可。

同样是造假行为，为何两人命运各自不同？

[解析]

《劳动合同法》第三条规定："订立劳动合同，应当遵循合法、公平、平等自愿、协商一致、诚实信用的原则。"《劳动合同法》第八条规定："用人单位招用劳动者时，应当如实告知劳动者工作内容、工作条件、工作地点、职业危害、安全生产状况、劳动报酬，以及劳动者要求了解的其他情况；用人单位有权了解劳动者与劳动合同直接相关的基本情况，劳动者应当如实说明。"第二十六条规定，"以欺诈、胁迫的手段或者乘人之危，使对方在违背真实意思的情况下订立或者变更劳动合同的"为无效或部分无效合同；第三十九条也有以欺诈手段订立的劳动合同无效、可以单方解除的规定，进一步体现了诚实信用原则。

在本案中，网络公司严格限定学历为硕士研究生或以上，这是基

于网络内容分析师的岗位职责及工作重要程度而设定的，是应聘上岗的关键条件，属于"与劳动合同直接相关的基本情况"。小史因觊觎岗位的优厚待遇，甘愿冒险，伪造了学历证书，并骗取了单位信任，违背了单位意志。因此，根据《劳动合同法》第二十六条第一款规定，双方签订的劳动合同无效。网络公司根据《劳动合同法》第三十九条第五项规定，解除与小史的劳动合同符合法律规定。

而聂某隐瞒已婚事实，一方面是否已婚并非用人单位是否录用员工的决定性因素，故公司不能依据职位申请表、员工入职基本资料表中的承诺及声明与聂某解除劳动合同。另一方面，应当注意的是，《劳动合同法》第八条"劳动者应当如实说明"仅限于"与劳动合同直接相关的基本情况"，如履行劳动合同所必需的知识技能、学历、学位、职业资格、工作经历等，用人单位无权要求劳动者提供婚姻状况、生育情况等涉及个人隐私的信息，也即不能任意扩大用人单位知情权及劳动者告知义务的外延。婚姻状况属于个人隐私，聂某未如实填写婚姻状况，并不能构成公司解除劳动合同的前提条件。

现实中，一些用人单位利用强势地位，对应聘者提出了各种限定条件，如"年龄35岁以下""两年内不得结婚""三年内不得怀孕"等。就业权、结婚权及怀孕权都属个人法定权利，用人单位作此限定均属违法行为。一些应聘者为了得到工作，不得不做出虚假承诺，其行为有值得同情之处，对于单位借此予以解聘且不作额外补偿行为，就业者应据理力争，切实维护自己的合法权益，单位此举也不会得到国家劳动保障等相关部门的支持。

13. 餐厅应承担赔偿责任

[案例]

2022年8月，某社区餐厅的朱老板为节约成本，雇请邻居肖大爷为其送餐，送餐范围为本小区及邻近两个小区，朱老板约定肖大爷只在下午及双休、节假日等黄金时间上班，每月支付肖大爷1500元。肖大爷退休后也想挣点烟钱，加之工作也不累，于是爽快同意了。某天，肖大爷在为小区住户送餐时，由于没看清楼梯，失足从六楼滚落到五楼，并因此导致右手骨折，前后花去1万元医疗费用。肖大爷认为是自己的原因，就没找朱老板理论，可子女认为肖大爷是在工作期间出事，应属工伤，餐厅应报销他全部医药费，另外，肖大爷的工资也低于本市最低工资标准，理应补齐。朱老板却一口拒绝了肖大爷子女提出的各种要求。

[解析]

首先，由于肖大爷是退休之后发挥余热，不属于劳动关系，属于雇佣关系(劳务关系)，即肖大爷提供劳务，朱老板支付报酬。

《工伤保险条例》规定享受工伤保险待遇的前提是双方存在劳动关系，只有构成劳动法意义上的劳动关系，才能依法进行实体审查并做出是否认定为工伤的决定。如果不具备上述条件则不能认定为工伤，被侵害主体也就不能获取工伤保险的各种待遇，从而防止社会保险基金的不当支付。依据《工伤保险条例》的规定，用人单位必须依法为劳动者参加工伤保险，按时缴纳保险费，用人单位没有为劳动者依法缴纳社会保险属于违法行为。出现工伤的，受伤职工可以按《工伤保险条例》的规定要求工伤待遇，其各种费用，按标准从工伤保险基金中支付。如果用人单位没有为职工缴纳工伤保险，则应由用人单位承担或赔偿全部的工伤待遇。

朱老板聘请退休的肖大爷送餐不构成劳动关系，因此肖大爷发生意外事故，不适用《工伤保险条例》，其遭受的意外伤害不能叫做工伤，只能叫人身损害，因双方存在劳务关系，肖大爷完全可以要求朱老板对其进行人身损害赔偿。

根据最高人民法院《关于审理人身损害赔偿案件适用法律若干问题

的解释》规定，雇员在从事雇佣活动中遭受人身损害，雇主应当承担赔偿责任。雇佣关系以外的第三人造成雇员人身损害的，赔偿权利人可以请求第三人承担赔偿责任，也可以请求雇主承担赔偿责任。雇主承担赔偿责任后，可以向第三人追偿。本案中，朱老板与肖大爷之间存在雇佣关系，且肖大爷所受伤害发生在根据朱某的指示、履行送餐职务的过程中，而肖大爷并不希望也没有放任自己受到伤害，所以朱老板不得借口自己没有任何过错而推卸赔偿责任。

工伤与人身损害赔偿两者有区别：(1)责任主体不同。工伤赔偿的主体一般指企业和个体经济组织，签订了正式劳动合同。人身损害赔偿的主体一般是个体户等，双方没有签订正式劳动合同，或仅有口头协议。(2)责任大小有区别，工伤保险实行无过错原则，即不管雇员是否有责任，其伤害均由工伤保险基金支付，而人身损害赔偿则按各方责任大小区分，如果事故完全是由当事人自身原因引起的，则雇主完全不用承担责任。(3)处理程序不同。工伤调解不成，必须经过劳动争议仲裁才能诉讼(仲裁前置)，而人身损害赔偿可直接通过诉讼解决。(4)赔偿范围和标准不同。工伤赔偿，旨在保障劳动者的最低生活，其赔偿的范围仅限于人身伤害，而人身损害赔偿在于填补受害人的损害，赔偿范围包括所受损害和利益等，一般较重。

与工伤赔偿标准相比，人身损害赔偿标准明显加重了企业的责任。例如：工伤保险由工伤保险基金承担，人身损害赔偿由企业承担；人身损害中的伤残补偿与死亡补偿标准高于工伤中的标准；人身损害赔偿包括精神损失，工伤赔偿则不包括。

另外，关于城市最低工资标准，它针对有劳动关系且提供正常劳动的劳动者而言，此案中，肖大爷仅是退休后发挥余热，属半劳动性质，且已领取了退休金，不属于享受城市最低工资保障的劳动者行列。

14. 工伤事故保险待遇有哪些

[案例]

朱某在某外卖平台送餐已达 3 年，因表现优秀，经考核由众包骑手升级为公司专营骑手，成为公司正式员工。不巧的是，朱某成为自营骑手不到半年，某次夜里送餐时，兜里手机突然响起，朱某边骑车边接电话，没看清地上有一个丢弃的铁疙瘩，朱某车速过快，重重摔在地上，手臂摔断了。朱某被朋友送到医院治疗，外卖平台除送了 3000 元营养费外，再没送钱，对其不管不问。朱某出院后遂到法院起诉，要求公司赔偿其所有损失。

[解析]

本案例中，朱某成为外卖平台自营骑手，签订了劳动合同，朱某在送餐工作中出现意外事故，尽管自身有责任，但根据工伤事故不追究过错原则，朱某应享受工伤待遇。

现实情况是，许多企业为了眼前利益，或为了节约成本，不按国家要求为职工交纳工伤事故保险金，直到职工出现了重大意外事故，眼见赔偿金额过大，才悔不当初，为了减少损失，于是列出种种理由耍赖，拒绝承担企业责任。

《工伤保险条例》规定，用人单位必须依法为劳动者办理工伤保险，按时缴纳保险费，用人单位没有为劳动者依法缴纳社会保险属于违法行为。

《工伤保险条例》同时规定，依法缴纳工伤保险的，发生工伤后所产生的工伤保险待遇的费用，从工伤保险基金支付。如果没有依法为劳动者缴纳的，由该用人单位按照条例规定的工伤保险待遇项目和标准支付费用，

另外，鉴于目前一些企业不与职工签订劳动合同的情况，国家规定，即使用人单位不与劳动者签订劳动合同，但劳动者能够证明存在

事实劳动关系的，也一样享受《工伤保险条例》中约定的工伤保险待遇。

工伤保险制度是我国政府推行的具有强制性、福利性的社会保障制度，待遇"上不封顶"，多至几百万元，甚至上千万元。

《工伤保险条例》第十四条规定，职工有下列情形之一的，应当认定为工伤：（1）在工作时间和工作场所内，因工伤原因受到事故伤害的；（2）工作时间前发生在工作场所内，从事与工作有关的预备性或者收尾性工作受到事故伤害的；（3）在工作时间和工作场所内，因履行工作职责受到暴力等意外伤害的；（4）患职业病的；（5）因工外出期间，由于工作原因受到伤害或者发生事故下落不明的；（6）在上下班途中，受到机动车事故伤害的；（7）法律、行政法规规定应当认定为工伤的其他情形。

根据《工伤保险条例》及相关文件规定，职工因工致残被鉴定为一级至四级伤残的，工伤保险基金应支付以下待遇：（1）工伤医疗及康复费用；（2）辅助器具安装、配置费；（3）一次性伤残补助金；（4）伤残津贴；（5）生活护理费。按月领取的伤残津贴和生活护理费还将随着社会生活水平的提高而提高。工伤人员将来死亡后，其直系亲属还可领取丧葬补助费，若其配偶达到 55 周岁没有生活来源，还可每月领取供养亲属抚恤金至终生。

工伤保险在工伤医疗上没有"起付线"，即没有最低限额的规定，符合工伤治疗规定和药品目录的治疗费用，工伤保险基金可全额支付。工伤保险没有自付比例的规定，符合规定的医疗费用可全部予以报销。对于工伤职工来说，不论是大事故，还是小伤害，工伤保险都给了他们全面的保障。同时工伤保险实行"无过错责任原则"，即劳动者负伤后，不管过失在谁，只要事故不是由于劳动者本人的故意行为所导致，工伤职工均可获得补偿，以保障其基本生活。无过失责任原则是工伤保险实行的一个特殊原则，体现了对工伤职工的倾斜和保护。

但劳动者必须注意的是，如果个人申请工伤认定，应在工伤发生后的 1 年内进行申请，工伤认定及工伤等级必须由劳动保障部门进行工伤认定并发放工伤证，单位或个人所作的工伤认定无效。

工伤事故赔偿计算公式为：

（1）医疗费赔偿金额＝诊疗金额＋药品金额＋住院服务费金额。

（依据工伤保险诊疗项目目录、工伤保险药品目录、工伤保险住院服务标准确定。）

（2）住院伙食补助费赔偿金额＝因公出差伙食补助标准（元/人/天）×70%×人数×天数。

（3）交通食宿费赔偿金额＝交通费＋住宿费＋伙食费。

（4）辅助器具费赔偿金额＝普通适用器具的合理费用×器具数量。

（5）护理费赔偿金额＝统筹地区上年度职工月平均工资（元/月）或 50%（完全不能自理）或 40%（大部分不能自理）或 30%（部分不能自理）。

（6）伤残补助金赔偿金额＝本人工资（元/月）×24（1 级伤残）或 22（2 级伤残）……6（10 级伤残）。

（7）伤残津贴赔偿金额＝本人工资（元/月）×90%（1 级）；85%（2 级）……75%（4 级）。

（8）一次性工伤医疗补助金、伤残就业补助金（由省、自治区、直辖市人民政府规定）。

（9）丧葬补助金赔偿金额＝统筹地区上年度职工月平均工资（元/月）×6。

（10）供养亲属抚恤金赔偿金额＝工亡职工本人工资（元/月）×40%（配偶）或 30%（其他亲属）（孤寡老人或孤儿在上述标准上增加 10%）。

（11）一次性工亡补助金赔偿金额＝统筹地区上年度职工月平均工资×（48 到 60 个月）。

15. 交通伤害事故赔偿标准包括哪些

[案例]

上月，一家公司老总给大明打电话，说有 100 份邀请函需要马上寄出，让他赶紧来公司拿快件，晚上一定要寄走。大明心中非常高兴，电动车骑得飞快，在某红绿灯路口，一辆网约车车门突然打开，此时大明正好骑车路过，连人带车被撞得好远，不但头破血流，更重要的是左腿卡入了电动车轮中，造成严重骨折。此次事故交警判网约车司机承担 80% 的责任，乘客承担 10% 的责任，大明承担 10% 的责任。大明在医院躺了一星期，回家还得再休养三个月。由于无法工作，自然也就没有收入，大明不知此次交通事故中的网约车司机要赔付自己多少钱。

[解析]

车祸猛于虎，快递小哥、外卖小哥等长期奔波在户外，不注意交通安全，争道抢行，乱冲乱撞，难免会发生交通事故。

发生交通事故，交警一般要进行交通事故认定，划分双方责任，按照各自责任大小，赔偿对方相应损失。现实中，由于网约工是弱势群体，因此即使自身存在较大过错，也能得到一定的赔偿。

具体到本案例，交通伤害事故赔偿项目一般包括：①医疗费，②误工费，③护理费，④营养费，⑤交通费，⑥残疾辅助器具费，⑦残疾赔偿金，⑧被抚养人生活费，⑨死亡赔偿金，⑩丧葬费精神损害抚慰金。其计算方法为：

(1) 医疗费赔偿金额为医疗期间实际花费的数额

根据最高人民法院《关于审理人身损害赔偿案件适用法律若干问题的解释》(以下简称《最高院解释》)第六条规定：医疗费根据医疗机构出具的医药费、住院费等收款凭证，结合病历和诊断证明等相关证据确定，赔偿义务人对医疗的必要性和合理性有异议的应当承担相应的举证责任，"医疗费赔偿数额，按照一审法院辩论终结前实际发生的数额确定。器官功能恢复训练所必要的康复费、适当的整容费以及其他后续治疗费，赔偿权利人可以待实际发生后另行起诉。但根据医疗证明或者鉴定结论确定必然发生的费用，可以与已经发生的医疗费一并予以赔偿"。

计算公式为：医疗费赔偿金额＝诊疗费+医药费+住院费+其他。

（2）误工费赔偿金额的计算公式

有固定工资的：误工费赔偿金额＝误工时间（天）×收入水平（元/天）。

无固定工资的又分两种情况：

第一种情况：能够证明其最近3年平均收入状况的，按照其最近3年的平均收入计算。公式：误工费赔偿金额＝误工时间（天）×最近3年平均收入水平（元/天）。

第二种情况：不能够证明其最近3年平均工资收入状况的，公式为：误工费赔偿金额＝误工时间（天）×相关、相近行业上一年的职工平均工资（元/天）。

《最高院解释》第七条规定："误工费根据受害人的误工时间和收入状况确定。""误工时间根据受害人接受治疗的医疗机构出具的证明确定。受害人因伤残致持续误工的，误工时间可以计算至定残日前一天。"伤残评定时间，按照国家标准《道路交通事故受伤人员伤残评定》（GB/T18667—2002）的有关规定确定。目前公安部正在起草《人身损害受伤人员误工损失日评定准则》，待其发布后，即可按其规定计算误工时间。

受害人有固定收入的误工费，按照实际减少的收入计算。受害人无固定收入的，按照其最近3年的平均收入计算；受害人不能举证证明其最近3年的平均收入状况的，可以参照受诉法院所在地相同或者相近行业上1年度职工的平均工资计算。

(3)护理费赔偿金额的计算公式

有固定收入的按照误工费标准计算；

无固定收入的公式为：护理费赔偿金额=同级别护理劳务报酬×护理期限。

《最高院解释》第八条规定："护理费根据护理人员的收入状况和护理人数、护理期限确定。"

(4)残疾赔偿金的计算公式

第一种情况：60周岁以下人员的残疾赔偿金=受诉法院所在地上一年度城镇居民人均可支配收入(农村居民人均纯收入)标准×伤残系数×20年。

第二种情况：60~75周岁人员的残疾赔偿金=受诉法院所在地上一年度城镇居民人均可支配收入(农村居民人均纯收入)标准×伤残系数×[20-(实际年龄-60)]年。

第三种情况：75周岁以上人员的残疾赔偿金=受诉法院所在地上一年度城镇居民人均可支配收入(农村居民人均纯收入)标准×伤残系数×5年。

伤残系数，伤情评定为一级伤残的，按全额赔偿，即100%；2至10级的，则以10%的比例依次递减。多等级伤残者的伤残系数计算，参照《道路交通事故受伤人员伤残评定》(GB/T18667—2002)附录B的方法计算。

《最高院解释》第十二条规定："残疾赔偿金根据受害人丧失劳动能力程度或者伤残等级，按照受诉法院所在地上一年度城镇居民人均可支配收入或者农村人均纯收入标准，自定残之日起按二十年计算。但六十周岁以上的，年龄每增加一岁减少一年，七十五周岁以上的，按五年计算。"

（5）被抚养人生活费赔偿金额的计算公式

不满 18 周岁的被扶养人的生活费=城镇居民人均消费性支出（农村人均年生活消费性支出）×（18-实际年龄）；

18~60 周岁被扶养人无劳动能力又无其他生活来源的生活费=城镇居民人均消费性支出（农村人均年生活消费性支出）×20 年；

60~75 周岁被扶养人无劳动能力又无其他生活来源的生活费=城镇居民人均消费性支出（农村人均年生活消费性支出）×[20-（实际年龄-60）]年；

75 周岁以上被扶养人无劳动能力又无其他生活来源的生活费=城镇居民人均消费性支出（农村人均年生活消费性支出）×5 年；

有其他扶养人时，赔偿义务人承担的被扶养人的生活费=被扶养人生活费÷扶养人数。

（6）死亡赔偿金

60 周岁以下人员的死亡赔偿金=上一年度城镇居民人均可支配收入（农村居民人均纯收入）×20 年；

60~75 周岁人员的死亡赔偿金=上一年度城镇居民人均可支配收入（农村居民人均纯收入）×[20-（实际年龄-60）]年；

75 周岁以上人员的死亡赔偿金=上一年度城镇居民人均可支配收入（农村居民人均纯收入）×5 年。

《最高院解释》第十五条规定："死亡赔偿金按照受诉法院所在地上一年度城镇居民人均可支配收入标准，按二十年计算。但六十周岁以上的，年龄每增加一岁减少一年；七十五周岁以上的，按五年计算。"

（7）丧葬费赔偿金额的计算公式

丧葬费赔偿金额=受诉法院所在地上一年度职工月平均工资×6 个月。

《最高院解释》第十四条规定："丧葬费按照受诉法院所在地上一年

度职工月平均工资标准，以六个月总额计算。"

（8）精神损害抚慰金的计算公式

《最高人民法院关于确定民事侵权精神损害赔偿责任若干问题的解释》第九条规定："精神损害抚慰金包括以下方式：

（1）致人残疾的，为残疾赔偿金；

（2）致人死亡的，为死亡赔偿金；

（3）其他损害情形的精神抚慰金。

第十条规定：精神损害的赔偿数额根据以下因素确定：

（1）侵权人的过错程度，法律另有规定的除外；

（2）侵害的手段、场合、行为方式等具体情节；

（3）侵害行为所造成的后果；

（4）侵权人的获利情况；

（5）侵权人承担责任的经济能力；

（6）受诉法院所在地平均生活水平。

16. 面对危险作业，劳动者可合理拒绝

[案例]

朱师傅是一家平台的网络货运司机。某月，一家图书公司欲在某市开展签名售书活动，委托平台将 1000 册图书送到当地的图书城。可不巧刚下过一场大雪，道路湿滑，非常不适合行车，图书公司也知道实际情况，鉴于事情紧急，同意按正常价格的 1.5 倍支付运费，前提是一定要按时将图书送到，否则由货运公司承担全部责任。货运公司安排朱师傅出车，朱师傅提出道路湿滑，路上极易发生翻车事故，到时不但无法完成运输任务，自身安全也得不到保障，他建议公司不接此单。货运公司经理强烈要求朱师傅出车，许诺此次出车收入翻倍，见朱师傅不为所动，不愿出车，经理恼怒之下，安排另一司机出车，并以朱师傅不服从工作安排为由，欲解除与朱师傅的劳动合同。朱师

傅认为劳动者享有安全工作的权利，公司不能无故解除劳动合同，向劳动仲裁机构申诉后，劳动仲裁机构认定：劳动者有依法享有劳动安全的权利，公司无权解除朱师傅的劳动合同，如强制解除，则按劳动法要求支付朱师傅补偿金。

[解析]

在工作中，如果用人单位强制要求劳动者冒险作业，劳动者可依法即时解除劳动合同，并不用承担各种后果。《劳动法》规定，劳动者享有平等就业和选择职业的权利、取得劳动报酬的权利、休息休假的权利以及获得劳动安全保护的权利。我国《劳动法》第五十四条规定，用人单位必须为劳动者提供符合国家规定的劳动安全卫生条件和必要的劳动防护用品。《安全生产法》规定，生产经营单位与从业人员订立的劳动合同，应当载明有关保障从业人员劳动安全、防止职业危害的事项，以及依法为从业人员办理工伤社会保险的事项。生产经营单位不得以任何形式与从业人员订立安全免责协议，免除或者减轻其对从业人员因生产安全事故伤亡依法应承担的责任。违法订立这类协议的，该协议无效，对生产经营单位的主要负责人、个人经营的投资人处以 2 万元以上 10 万元以下的罚款。

《劳动合同法实施条例》第十八条规定，有下列情形之一的，依照《劳动合同法》规定的条件、程序，劳动者可以与用人单位解除劳动合同，其中第 11 款、第 12 款规定如下：(11)用人单位以暴力、威胁或者非法限制人身自由的手段强迫劳动者劳动的；(12)用人单位违章指挥、强令冒险作业危及劳动者人身安全的。

本例中朱师傅有安全行车的工作权利，如果货运公司强制命令其冒险行车，朱师傅有权予以拒绝，并可当场提出解除劳动合同的正当要求，此举不但不构成违约，相反，朱师傅还可要求货车公司就自己因提前解约所造成的损失支付经济补偿金。如果是货运公司以此为由解除朱师傅的劳动合同，就更得不到法律支持了。

17. 讨薪要合理合法

[案例]

马大姐是小有名气的网约月嫂，业务量较大，刚开始平台每月及时支付其工资，但半年后，因平台投资人撤资，加之平台效益下滑，入不敷出，平台开始拖欠马大姐工资。马大姐多次讨要，但平台以效益不佳为由搪塞。马大姐的儿子得知此事后，十分恼怒，遂邀约三名社会青年到平台闹事，讨要工资，威胁负责人不说，还砸烂了公司的一台电脑。公司负责人报警后，马大姐儿子因寻衅滋事，被公安机关拘留一周。

[解析]

遭受欠薪或扣薪是劳动者外出打工时常遇到的问题，也是社会十分关注的问题，一些劳动者因为拿不到工资或不能拿到全薪而采取静坐、示威、跳楼等极端手段进行讨薪，这种方式并不可取。面对欠薪或扣薪问题，劳动者应该学会用法律武器为自己维权。

首先，一定要签订正规合同，查清用人单位资格，不能签订用工主体不明的合同，应事先了解单位名称、法人是谁等，注意与具备用工主体资格的人直接签订劳动合同，对于层层转包的公司要特别小心。在具体签订劳动合同时，重要条款一定要在纸上约定，不能签订模糊不清的合同。根据《劳动法》和《工资支付暂行规定》等规定，工资应以人民币形式支付，且至少每月支付一次。

此外，为切实保障劳动者权益，解决工资拖欠问题，2011 年《刑法修正案(八)》出台规定：以转移财产、逃匿等方法逃避支付劳动者的劳动报酬或者有能力支付而不支付劳动者的劳动报酬，数额较大，经政府有关部门责令支付仍不支付的行为构成"恶意欠薪罪"，"恶意欠薪罪"(此系百姓俗称)的正式罪名为"拒不支付劳动报酬罪"。

2015 年 1 月 6 日，国家人社部与最高人民法院、最高人民检察院、公安部又联合下发了《关于加强涉嫌拒不支付劳动报酬犯罪案件查处衔接工作的通知》，进一步明确了"拒不支付劳动报酬罪"的相关内容，即在有支付能力的情况下，恶意欠薪，用人单位负责人或承包人将被追究刑事责任，构成"欠薪罪"的，一般对用人单位处以罚金，对直接负责人员(如法定代表人、人事负责人等)可处 3 年以下有期徒刑或者拘役；造成严重后果的，处 3 年以上 7 年以下有期徒刑。

其中"造成严重后果"是指"造成劳动者或者其被赡养人、被扶养人、被抚养人的基本生活受到严重影响、重大疾病无法及时医治或者失学的；对要求支付劳动报酬的劳动者使用暴力或者进行暴力威胁的；造成其他严重后果的"等情形。由此可见，拒不支付劳动者劳动报酬，不但要受到劳动保障部门的经济处罚，而且还要承担刑事责任，要坐牢。

因此，劳动者遭遇欠薪或无理由扣薪时，一定要通过合法途径讨薪，由国家依法依规处理。如果劳动者采取过激行为，或暴力讨薪，给单位造成了经济损失，即使最后讨回了工资，也要对单位做出赔偿，如果涉嫌违法，则自己应承担相应的违法责任，这对劳动者来说得不偿失。

18. 网红主播该不该赔偿 8 万元

[案例]

阿美是一名小有名气的直播带货网红，粉丝近 20 万。某家具公司经综合评定后，决定聘阿美为家具公司的带货主播。双方签订了带货直播合同，合同约定：阿美在家具公司指定的网络直播平台上提供直播带货服务，带货时间为 3 个月。阿美每天直播时间不得少于 6 小时(节假日或销售高峰应不低于 8 小时)，每周不能少于 5 天。公司每月支付阿美 1 万元生活费补贴，阿美其余收入按带货销售收入总量的

10%提成。为专心带货，阿美在此期间不得为其他产品带货，否则应赔偿公司相应损失。

因带货业务量一般，为获得更大收益，阿美私下另行注册账号为另一产品进行直播带货。家具公司发现后，以阿美违反合约为由，将阿美告上法庭，要求解除与阿美的合同关系并要求阿美赔偿公司损失8万元。

对此，阿美辩称，自己与家具公司为劳动关系，根据国家规定，因员工原因造成的损失，属于职务行为，员工无须或最多只应承担工资收入20%的赔偿责任，赔偿8万元明显过多。

[解析]

直播带货主播属于新型就业形态的劳动者，他们是互联网经济的红利阶层，依靠平台力量，收入丰厚。许多带货主播为了增加收入，还选择为多个厂家带货，依靠"坑位费"及直播提成，赚得盆满钵满。但这种行为分散了主播有限精力，导致直播效果不好，另外频繁换东家吃喝，也会引起粉丝反感，导致严重"掉粉"。因此，为了获得更好的直播效果，厂家往往规定主播在某一时间段，只能为自家产品直播带货，并适当提高主播提成收入。

本案中，阿美辩称自己与家具公司建立的是事实劳动关系并不成立。首先双方并未签订劳动合同。现实中，许多单位为规避劳动风险，不愿主动与劳动者签订劳动合同，这在网约工群体中表现得尤其明显，如前所述，原国家劳动和社会保障部在《关于确立劳动关系有关事项的通知》中规定，具备以下三种情形，即使未签订劳动合同，也应视为劳动关系成立，即（1）用人单位和劳动者符合法律、法规规定的主体资格；（2）用人单位依法制定的各项劳动规章制度适用于劳动者，劳动者受用人单位的劳动管理，从事用人单位安排的有报酬的劳动；（3）劳动者提供的劳动是用人单位业务的组成部分。也即是否为事实劳动关系，应从主体合法性、人格隶属性、业务从属性三个方面来进行判别。本案中，阿美仅接受公司聘任成为带货主播，且时间只有三个月，属临时人员，工作为兼职性质。除带货外，阿美不用每天到公司打卡上班，不用每天佩戴"工作证""服务证"等能够证明身份的证件，名单也未进入公司花名册。阿美不用参加公司其他事务，不用与单位其他员工发生工作关系，不用服从公司其他方面的任何管理，管理上没有依附性。

由此可见，阿美与家具公司为相互独立的平等主体，不存在人身隶属关系，双方实际上属合作关系。阿美与家具公司建立的不是劳动关系，而是劳务关系，所签订的合同为承揽合同，不受劳动法保护，但受民法保护。双方应遵守合同的约定，谁违反了合同约定，就应承担赔偿义务。阿美违约在先，所以应承担赔偿义务，至于是否应赔偿 8 万元，家具公司应提交受损失的证据，并划定双方的责任范围。

19. 怀孕期间，用人单位可否单方解除劳动合同

[案例]

李女士受朋友推荐，入职一家外卖加盟公司，劳动合同约定其工作岗位为行政内勤，每月工资 3500 元，主要负责公司日常行政事务以及外卖小哥的工作量统计及每月工资的核算工作。两年后，因李女士怀孕，无法承担繁重的任务，公司遂发出书面通知，宣布解除双方的劳动合同。李女士找到公司老板反复协商无果而发生纠纷。

[解析]

公司不能单方解除李女士的劳动合同。因为我国劳动法规定：任何单位不得因结婚、怀孕、产假、哺乳等情形，降低女职工的工资，辞退女职工，单方解除劳动(聘用)合同或者服务协议。但是，女职工要求终止劳动(聘用)合同或者服务协议的除外。

像李女士那样因怀孕被用人单位单方解除劳动合同发生纠纷的，该如何进行处理？这种纠纷可分两种情况进行分析：(1)如果被辞退员

工不同意用人单位解除劳动合同，可主张要求继续履行合同，并可主张用人单位赔偿劳动合同解除日至恢复日之间的工资损失。(2)如果被辞退员工不要求继续履行合同而只是要求支付经济补偿金，在这种情况下，司法实践中视为由用人单位提出，经劳动合同当事人协商一致解除劳动合同。劳动者可依法要求用人单位支付解除劳动合同的经济补偿金，用人单位应根据劳动者在本单位的工作年限，每满一年发给相当于一个月工资的经济补偿金，最多不超过 12 个月。工作时间不满一年的按一年的标准发给经济补偿金。

此外，根据《劳动法》《女职工劳动保护规定》《女职工禁忌劳动范围的规定》，女职工在孕期应享受以下特殊保护：

(1)所在单位不得降低其基本工资或解除劳动合同。

(2)《女职工禁忌劳动范围的规定》中相关不宜从事的工作，如有毒有害气体场所、超强度体力劳动以及高空作业等。

(3)不得在正常劳动日以外延长其劳动时间，对不能胜任原劳动的，根据医务部门证明，予以减轻或安排其他劳动。对怀孕 7 个月以上的女职工不得安排从事夜班劳动。

(4)定期进行产前检查，检查所花时间算劳动时间。检查费用由所在单位负担。

但需要注意的是，国家出台相关政策法律，切实保障怀孕女职工的相关权益，并不是说怀孕女职工就可以为所欲为。怀孕女职工如果存在下面这些情形，单位依然可以辞退，"三期"(怀孕期、产期、哺乳期)并不能成为她们的"免死金牌"。

《劳动合同法》第三十九条规定了用人单位有权单方与劳动者解除劳动合同而无须向劳动者支付经济补偿金、赔偿金的六种情形：在试用期间被证明不符合录用条件的；严重违反用人单位的规章制度的；严重失职，营私舞弊，给用人单位造成重大损害的；劳动者同时与其他用人单位建立劳动关系，对完成本单位的工作任务造成严重影响，或者经用人单位提出，拒不改正的；因本法第二十六条第一款第一项规定的情形致使劳动合同无效的；被依法追究刑事责任的。这六种情形都是劳动者本身存在重大过错，因此，即使《劳动合同法》第四十二条对于孕期、产期、哺乳期妇女作了特殊保护，但保护的范围并不及于该法的第三十九条。也就是说，孕期、产期、哺乳期妇女出现了法律规定的这六种情形之一，作为用人单位的一方仍有权与劳动者解除劳动合同，此举并不违反法律的规定。

20. 网约工如何加入工会维权

[案例]

王嫂是"满意到家"APP 的一名家政服务人员，平日接受平台指派到客户家里提供家政服务，但平台常以各种理由不按时给王嫂结算服务费。王嫂在微信上建立了"嫂子群"，大家讨论最多的除了工作经验，就是工资维权问题。嫂子们认为依靠工会维权最直接、最方便、最省时，让王嫂打听一下加入工会的手续及享受的相关待遇，认为维权时有"娘家人"撑腰，心中不慌，维权易成功。王嫂不知道怎样加入工会，也不知道工会能为她们这些灵活就业者提供什么保障？

[解析]

在现实中，像王嫂这些灵活就业群体，经常会遇到工资不能按时发放、无故扣薪或老板跑路等问题。王嫂们年龄偏大，就业能力弱，维权意识差，为了一点工资常常忍气吞声，甘受用人单位各种打压，想维权却有心无力。

像王嫂这些弱势群体想维权的话，加入工会是最佳选择。工会有法定的地位和职能，有遍布全国的组织体系，有兢兢业业为维护职工权益奔走的各级工会工作者，能够有效地维护像王嫂这些新就业形态劳动者的合法权益。

其一，加入工会的方式简单。(1)与用人单位建立了劳动关系或符合确定劳动关系情形的新就业形态劳动者，如用人单位加入了工会，可直接向单位提出加入工会请求。用人单位没有成立工会的，可加入用人单位所在地的乡镇(街道)、开发区(工业园区)、村(社区)工会或区域性行业性工会联合会、联合工会等。(2)不完全符合确立劳动关系情形及个人依托平台自主开展经营活动等的新就业形态劳动者，可以加入工作或居住地的乡镇(街道)、开发区(工业园区)、村(社区)工会或区域性行业性工会联合会、联合工会等。

其二，工会可为新就业形态劳动者提供劳动经济权益方面的维护。全国总工会在《关于切实维护新就业形态劳动者劳动保障权益的意见》中提出，工会应督促平台企业在规章制度制定及算法等重大事项确定中严格遵守法律法规；加强劳动法律监督，配合政府及其有关部门监察执法，推行包括劳动法律监督"两书"制度、开展劳动用工"法律体检"等在内的工会劳动法律监督工作。

工会法律援助的范围还包括：劳动争议案件；因劳动权益涉及的职工人身权、民主权、财产权受到侵犯的案件；工会工作者因履行职责合法权益受到侵犯的案件；工会组织合法权益受到侵犯的案件；工会认为需要提供法律援助的其他事项。工会法律援助的形式包括：普及法律知识；提供法律咨询；代写法律文书；参与协商、调解；仲裁、诉讼代理；其他法律援助形式。

工会对女性新就业形态劳动者有特殊的关照。从 2011 年 3 月起，全国总工会女职工委员会启动了"女职工关爱行动"，组织各级工会积极推进女职工"两癌"(乳腺癌、宫颈癌)检查，建设女职工休息哺乳室，提供工会爱心托管服务、"会聚良缘"工会婚恋服务等，对家庭困难的女职工开展日常帮扶，对女职工开展心理关怀等，为女职工提供贴心的服务。

为劳动者讨薪。遇到欠薪问题，劳动者可以及时向当地的工会组织求助，工会可以提供包括法律咨询、代写法律文书或代聘律师等在内的法律帮助和服务，帮助劳动者借助劳动争议仲裁和诉讼等法律手段解决欠薪问题。此外，对于因工资被拖欠出现暂时生活困难的劳动者，工会困难职工帮扶中心将及时给予必要的救助。

为生活上遇到困难的新就业形态劳动者提供帮助。各地都建有由工会主办的困难职工帮扶中心，帮扶重点对象是下岗失业人员，老、弱、伤、病、残职工及因遭受意外灾害、本人或家庭成员患大(重)病等造成生活困难的职工群体，还与有关部门配合，帮助解决困难职工在就业、医疗、生活、子女上学等方面遇到的困难和问题，依法保障职工合法权益。

其三，加入工会应交纳会费。"12351"热线是职工服务热线。"12351"热线通过接听职工诉求信息，调查、处理劳动争议和矛盾纠纷，维护职工合法权益，确保职工诉求"事事有回音，件件有落实"。但必须注意的是，欲加入工会，会员必须每年交纳一定的会费。按照全国总工会相关规定，工会会员按本人工资收入的 0.5% 计算交纳会费，工资尾额不足 10 元部分以及各种奖金、津贴、稿费收入等均不计入交纳会费的基数。鉴于部分新就业形态劳动者无工资性收入的实际情况，一些地方探索了定额交纳会费或减交、不交的方式。

附　录

一、关于维护新就业形态劳动者劳动
保障权益的指导意见

近年来，平台经济迅速发展，创造了大量就业机会，依托互联网平台就业的网约配送员、网约车驾驶员、货车司机、互联网营销师等新就业形态劳动者数量大幅增加，维护劳动者劳动保障权益面临新情况新问题。为深入贯彻落实党中央、国务院决策部署，支持和规范发展新就业形态，切实维护新就业形态劳动者劳动保障权益，促进平台经济规范健康持续发展，经国务院同意，现提出以下意见：

一、规范用工，明确劳动者权益保障责任

(一)指导和督促企业依法合规用工，积极履行用工责任，稳定劳动者队伍。主动关心关爱劳动者，努力改善劳动条件，拓展职业发展空间，逐步提高劳动者权益保障水平。培育健康向上的企业文化，推动劳动者共享企业发展成果。

(二)符合确立劳动关系情形的，企业应当依法与劳动者订立劳

动合同。不完全符合确立劳动关系情形但企业对劳动者进行劳动管理（以下简称"不完全符合确立劳动关系情形"）的，指导企业与劳动者订立书面协议，合理确定企业与劳动者的权利义务。个人依托平台自主开展经营活动、从事自由职业等，按照民事法律调整双方的权利义务。

（三）平台企业采取劳务派遣等合作用工方式组织劳动者完成平台工作的，应选择具备合法经营资质的企业，并对其保障劳动者权益情况进行监督。平台企业采用劳务派遣方式用工的，依法履行劳务派遣用工单位责任。对采取外包等其他合作用工方式，劳动者权益受到损害的，平台企业依法承担相应责任。

二、健全制度，补齐劳动者权益保障短板

（四）落实公平就业制度，消除就业歧视。企业招用劳动者不得违法设置性别、民族、年龄等歧视性条件，不得以缴纳保证金、押金或者其他名义向劳动者收取财物，不得违法限制劳动者在多平台就业。

（五）健全最低工资和支付保障制度，推动将不完全符合确立劳动关系情形的新就业形态劳动者纳入制度保障范围。督促企业向提供正常劳动的劳动者支付不低于当地最低工资标准的劳动报酬，按时足额支付，不得克扣或者无故拖欠。引导企业建立劳动报酬合理增长机制，逐步提高劳动报酬水平。

（六）完善休息制度，推动行业明确劳动定员定额标准，科学确定劳动者工作量和劳动强度。督促企业按规定合理确定休息办法，在法定节假日支付高于正常工作时间劳动报酬的合理报酬。

（七）健全并落实劳动安全卫生责任制，严格执行国家劳动安全卫

生保护标准。企业要牢固树立安全"红线"意识，不得制定损害劳动者安全健康的考核指标。要严格遵守安全生产相关法律法规，落实全员安全生产责任制，建立健全安全生产规章制度和操作规程，配备必要的劳动安全卫生设施和劳动防护用品，及时对劳动工具的安全和合规状态进行检查，加强安全生产和职业卫生教育培训，重视劳动者身心健康，及时开展心理疏导。强化恶劣天气等特殊情形下的劳动保护，最大限度减少安全生产事故和职业病危害。

（八）完善基本养老保险、医疗保险相关政策，各地要放开灵活就业人员在就业地参加基本养老、基本医疗保险的户籍限制，个别超大型城市难以一步实现的，要结合本地实际，积极创造条件逐步放开。组织未参加职工基本养老、职工基本医疗保险的灵活就业人员，按规定参加城乡居民基本养老、城乡居民基本医疗保险，做到应保尽保。督促企业依法参加社会保险。企业要引导和支持不完全符合确立劳动关系情形的新就业形态劳动者根据自身情况参加相应的社会保险。

（九）强化职业伤害保障，以出行、外卖、即时配送、同城货运等行业的平台企业为重点，组织开展平台灵活就业人员职业伤害保障试点，平台企业应当按规定参加。采取政府主导、信息化引领和社会力量承办相结合的方式，建立健全职业伤害保障管理服务规范和运行机制。鼓励平台企业通过购买人身意外、雇主责任等商业保险，提升平台灵活就业人员保障水平。

（十）督促企业制定修订平台进入退出、订单分配、计件单价、抽成比例、报酬构成及支付、工作时间、奖惩等直接涉及劳动者权益的制度规则和平台算法，充分听取工会或劳动者代表的意见建议，将结果公示并告知劳动者。工会或劳动者代表提出协商要求的，企业应当积极响应，并提供必要的信息和资料。指导企业建立健全劳动者申诉机制，保障劳动者的申诉得到及时回应和客观公正处理。

三、提升效能，优化劳动者权益保障服务

（十一）创新方式方法，积极为各类新就业形态劳动者提供个性化职业介绍、职业指导、创业培训等服务，及时发布职业薪酬和行业人工成本信息等，为企业和劳动者提供便捷化的劳动保障、税收、市场监管等政策咨询服务，便利劳动者求职就业和企业招工用工。

（十二）优化社会保险经办事宜，探索适合新就业形态的社会保险经办服务模式，在参保缴费、权益查询、待遇领取和结算等方面提供更加便捷的服务，做好社会保险关系转移接续工作，提高社会保险经办服务水平，更好保障参保人员公平享受各项社会保险待遇。

（十三）建立适合新就业形态劳动者的职业技能培训模式，保障其平等享有培训的权利。对各类新就业形态劳动者在就业地参加职业技能培训的，优化职业技能培训补贴申领、发放流程，加大培训补贴资金直补企业工作力度，符合条件的按规定给予职业技能培训补贴。健全职业技能等级制度，支持符合条件的企业按规定开展职业技能等级认定。完善职称评审政策，畅通新就业形态劳动者职称申报评价渠道。

（十四）加快城市综合服务网点建设，推动在新就业形态劳动者集中居住区、商业区设置临时休息场所，解决停车、充电、饮水、如厕等难题，为新就业形态劳动者提供工作生活便利。

（十五）保障符合条件的新就业形态劳动者子女在常住地平等接受义务教育的权利。推动公共文体设施向劳动者免费或低收费开放，丰富公共文化产品和服务供给。

四、齐抓共管，完善劳动者权益保障工作机制

（十六）保障新就业形态劳动者权益是稳定就业、改善民生、加强社会治理的重要内容。各地区要加强组织领导，强化责任落实，切实做好新就业形态劳动者权益保障各项工作。人力资源社会保障部、国家发展改革委、交通运输部、应急部、市场监管总局、国家医保局、最高人民法院、全国总工会等部门和单位要认真履行职责，强化工作协同，将保障劳动者权益纳入数字经济协同治理体系，建立平台企业用工情况报告制度，健全劳动者权益保障联合激励惩戒机制，完善相关政策措施和司法解释。

（十七）各级工会组织要加强组织工作的有效覆盖，拓宽维权和服务范围，积极吸纳新就业形态劳动者加入工会。加强对劳动者的思想政治引领，引导劳动者理性合法维权。监督企业履行用工责任，维护好劳动者权益。积极与行业协会、头部企业或企业代表组织开展协商，签订行业集体合同或协议，推动制定行业劳动标准。

（十八）各级法院和劳动争议调解仲裁机构要加强劳动争议办案指导，畅通裁审衔接，根据用工事实认定企业和劳动者的关系，依法依规处理新就业形态劳动者劳动保障权益案件。各类调解组织、法律援助机构及其他专业化社会组织要依法为新就业形态劳动者提供更加便捷、优质高效的纠纷调解、法律咨询、法律援助等服务。

（十九）各级人力资源社会保障行政部门要加大劳动保障监察力度，督促企业落实新就业形态劳动者权益保障责任，加强治理拖欠劳动报酬、违法超时加班等突出问题，依法维护劳动者权益。各级交通运输、应急、市场监管等职能部门和行业主管部门要规范企业经营行为，加大监管力度，及时约谈、警示、查处侵害劳动者权益的企业。

各地区各有关部门要认真落实本意见要求，出台具体实施办法，加强政策宣传，积极引导社会舆论，增强新就业形态劳动者职业荣誉感，努力营造良好环境，确保各项劳动保障权益落到实处。

人力资源社会保障部　国家发展改革委

交通运输部　应急部　市场监管总局

国家医保局　最高人民法院　全国总工会

2021 年 7 月 16 日

二、中华全国总工会关于切实维护新就业形态 劳动者劳动保障权益的意见

总工发〔2021〕12号

为深入贯彻落实党的十九大和十九届二中、三中、四中、五中全会精神，贯彻落实习近平总书记关于新就业形态、平台经济的重要讲话和重要指示精神，现就切实维护新就业形态劳动者劳动保障权益工作，提出以下意见。

一、总体要求

（一）重要意义。党中央高度重视维护好新就业形态劳动者劳动保障权益。习近平总书记多次作出明确指示，要求维护好新就业形态劳动者合法权益。新就业形态劳动者在我国经济社会发展中发挥着不可或缺的重要作用，解决好他们在劳动报酬、社会保障、劳动保护、职业培训、组织建设、民主参与和精神文化需求等方面面临的困难和问题，是落实习近平总书记重要指示和党中央决策部署的必然要求，是促进平台经济长期健康发展的必然要求，是工会履行好维权服务基本职责的必然要求。各级工会要充分认识维护新就业形态劳动者劳动保障权益的重要性紧迫性，强化责任担当，积极开拓创新，做实做细各项工作。

（二）指导思想。坚持以习近平新时代中国特色社会主义思想为指

导，深入学习贯彻习近平总书记关于工人阶级和工会工作的重要论述，坚持以党建带工建的工作原则，坚持以职工为中心的工作导向，坚持立足大局、顺势而为、审慎稳妥的工作方针，聚焦解决新就业形态劳动者最关心最直接最现实的急难愁盼问题，推动建立健全新就业形态劳动者权益保障机制，不断增强新就业形态劳动者的获得感、幸福感、安全感，最大限度地把新就业形态劳动者吸引过来、组织起来、稳固下来，进一步夯实党长期执政的阶级基础和群众基础。

二、工作举措

(三)强化思想政治引领。切实履行好工会组织的政治责任，坚持不懈用习近平新时代中国特色社会主义思想教育引导新就业形态劳动者，增强他们对中国特色社会主义和社会主义核心价值观的思想认同、情感认同，更加紧密地团结在以习近平同志为核心的党中央周围。深入新就业形态劳动者群体，广泛宣传党的路线方针政策和保障新就业形态劳动者群体权益的政策举措，将党的关怀和温暖及时送达。深入了解新就业形态劳动者群体的思想状况、工作实际、生活需求，引导他们依法理性表达利益诉求。关心关爱新就业形态劳动者，以多样性服务项目实效打动人心、温暖人心、影响人心、凝聚人心，团结引导他们坚定不移听党话、跟党走。

(四)加快推进建会入会工作。加强对新就业形态劳动者入会问题的研究，加快制定出台相关指导性文件，对建立平台企业工会组织和新就业形态劳动者入会予以引导和规范。强化分类指导，明确时间节点，集中推动重点行业企业特别是头部企业及其下属企业、关联企业依法普遍建立工会组织，积极探索适应货车司机、网约车司机、快递员、外卖配送员等不同职业特点的建会入会方式，通过单独建会、联合建会、行业建会、区域建会等多种方式扩大工会组织覆盖面，最大限度吸引新就业形态劳动者加入工会。保持高度政治责任感和敏锐性，切实维护工人阶级和工会组织的团结统一。

（五）切实维护合法权益。发挥产业工会作用，积极与行业协会、头部企业或企业代表组织就行业计件单价、订单分配、抽成比例、劳动定额、报酬支付办法、进入退出平台规则、工作时间、休息休假、劳动保护、奖惩制度等开展协商，维护新就业形态劳动者的劳动经济权益。督促平台企业在规章制度制定及算法等重大事项确定中严格遵守法律法规要求，通过职工代表大会、劳资恳谈会等民主管理形式听取劳动者意见诉求，保障好劳动者的知情权、参与权、表达权、监督权等民主政治权利。督促平台企业履行社会责任，促进新就业形态劳动者体面劳动、舒心工作、全面发展。加强工会劳动法律监督，配合政府及其有关部门监察执法，针对重大典型违法行为及时发声，真正做到哪里有职工，哪里就应该有工会组织，哪里的职工合法权益受到侵害，哪里的工会就要站出来说话。

（六）推动健全劳动保障法律制度。积极推动和参与制定修改劳动保障法律法规，充分表达新就业形态劳动者意见诉求，使新就业形态劳动者群体各项权益在法律源头上得以保障。配合政府及其有关部门，加快完善工时制度，推进职业伤害保障试点工作。推动司法机关出台相关司法解释和指导案例。

（七）及时提供优质服务。深入开展"尊法守法·携手筑梦"服务农民工公益法律服务行动和劳动用工"法律体检"活动，广泛宣传相关劳动法律法规及政策规定，督促企业合法用工。推动完善社会矛盾纠纷多元预防调处化解综合机制，重点针对职业伤害、工作时间、休息休假、劳动保护等与平台用工密切相关的问题，为新就业形态劳动者提供法律服务。充分利用工会自有资源和社会资源，加强职工之家建设，推进司机之家等服务阵地建设，规范和做好工会户外劳动者服务站点工作，联合开展货车司机职业发展与保障行动，组织和关爱快递员、外卖送餐员行动等。加大普惠服务工作力度，丰富工会服务新就业形态劳动者的内容和方式。针对新就业形态劳动者特点和需求组织各类文体活动，丰富他们的精神文化生活。

（八）提升网上服务水平。加快推进智慧工会建设，紧扣新就业形态劳动者依托互联网平台开展工作的特点，大力推行网上入会方式，创新服务内容和服务模式，让广大新就业形态劳动者全面了解工会、真心向往工会、主动走进工会。构建"互联网+"服务职工体系，完善网上普惠服务、就业服务、技能竞赛、困难帮扶、法律服务等，形成线上线下有机融合、相互支撑的组织体系，为新就业形态劳动者提供更加及时精准的服务。

（九）加强素质能力建设。针对新就业形态劳动者职业特点和需求，开展职业教育培训、岗位技能培训、职业技能竞赛等活动，推动新就业形态劳动者职业素质整体提升。组织开展贴近新就业形态劳动者群体特点的法治宣传教育，提高劳动者维权意识和维权能力。开展心理健康教育，提升新就业形态劳动者适应城市生活、应对困难压力、缓解精神负担的能力。

三、组织保障

（十）加强组织领导。牢固树立大局观念，将新就业形态劳动者劳动权益保障作为当前和今后一段时期各级工会的重点任务，协助党委政府做好工作。各级工会要落实属地责任，成立主要领导任组长，各相关部门和产业工会共同参加的工作领导小组，制定工作方案，明确目标任务、责任分工、时间安排，配强工作力量，加大经费投入，形成一级抓一级、层层抓落实的工作机制。

（十一）深化调查研究。组织干部职工开展赴基层蹲点活动，深入一线蹲点调研，面对面了解新就业形态劳动者权益保障方面存在的突出问题，准确掌握一手资料，有针对性地研究提出对策建议。加强对平台经济领域劳动用工情况及劳动关系发展形势的分析研判，及时发现和积极解决苗头性、倾向性问题，做到早发现、早预警、早处置。

（十二）密切协作配合。积极推动建立工作协调联动机制，形成党委领导、政府支持、各方协同、工会力推、劳动者参与的工作格局。重要情况要第一时间向党委报告、请示。充分发挥各级协调劳动关系三方机制作用，及时就新就业形态劳动者权益保障相关重大问题进行沟通协商，推动出台相关制度文件。加强与相关部门、行业协会和头部企业的沟通联系，推动制定相关标准和工作指引，保障劳动者权益。联系和引导劳动关系领域社会组织服务新就业形态劳动者。工会各部门、产业工会要牢固树立"一盘棋"思想，主动担当、密切配合，齐心协力推进工作。

（十三）注重工作实效。坚持问题导向、目标导向，压实责任，细化措施，狠抓落实。在充分摸清情况、掌握困难和问题的基础上谋划解决办法，把新就业形态劳动者满意不满意作为检验工作成效的标准。切实改进工作作风，敢于啃硬骨头，勇于担当、迎难而上，扎实有序推进各项工作。一边推进一边总结，逐步建立健全务实管用的工作机制，形成一批可复制、可推广的典型经验。

（十四）加大宣传力度。充分运用各地主流媒体、工会宣传阵地以及"两微一端"等线上线下宣传手段，面向平台企业和广大新就业形态劳动者开展形式多样的宣传活动，介绍工会的性质、作用和工会维权服务实效。注重培养、选树新就业形态劳动者和平台企业先进典型，及时表彰宣传，发挥示范作用。通过现代媒体平台扩大舆论影响，广泛凝聚共识，推动形成全社会共同关爱和服务新就业形态劳动者群体的良好氛围。

各地工会要根据本意见，结合当地实际研究制定相应的实施办法，认真抓好落实。

参考文献

[1]班小辉."零工经济"下任务化用工的劳动法规制[J].法学评论，2019，37(3)：5.

[2]金超.劳动关系视角下的网约用工纠纷研究[J].中国劳动关系学院学报，2018，32(2)：31-38.

[3]于莹.共享经济用工关系的认定及其法律规制——以认识当前"共享经济"的语域为起点[J].华东政法大学学报，2018，21(3)：12-14.

[4]邹开亮，王米娜.外卖送餐员劳动权益保障初探——从外卖小哥"王立友"工伤赔偿案谈起[J].齐齐哈尔学报，2019(10)：55-58.

[5]冯向楠.北京地区外卖员劳动权益保障状况及影响因素研究[J].劳动保障世界，2018(33)：8-9.

[6]刘瑛.关于"网约工"劳动权益保障的思考[J].工会理论研究，2017(3)：4-8.

[7]胡放之.网约工劳动权益保障问题研究——基于湖北外卖骑手的调查[J].湖北社会科学，2019(10)：56-62.

[8]张宪民，严波.互联网新业态平台企业就业形态调查及探析[J].中国劳动，2017(8)：14-19.

[9]董梦莹.共享经济下"网约工"权益保护探究[J].职工法律天地，2019(3)：56-58.

［10］李玉萍. 走出网约工权益保障的困境［J］. 人民论坛，2018（19）：86-88.

［11］黄文娣. "互联网"形势下网约工劳动权益研究——基于劳动关系视角［J］. 当代经济，2018（19）：18.

［12］王文珍，李文静. 平台经济发展对我国劳动关系的影响［J］. 中国劳动，2017（1）：4-12.

［13］沈锦浩. 网约工：新生代农民工就业的新选择与新风险［J］. 长白学刊，2020（5）：45-48.

［14］汪雁. 关于共享经济平台网约工劳动权益保障的研究［J］. 中国劳动关系学院学报，2019（6）：77-87.

［15］汪雁，张丽华. 关于我国共享经济新就业形态的研究报告［J］. 中国劳动关系学院学报，2019（2）：49-59.

［16］周倩. 2021 新就业形态劳动者维权新指南［N］. 工人日报，2021-12-30.